Dave Eggers

Der größte Kapitän
aller Zeiten

Dave Eggers

Der größte Kapitän aller Zeiten

*Aus dem Englischen
von Ulrike Wasel
und Klaus Timmermann*

Kiepenheuer & Witsch

I

DER IN DIE JAHRE GEKOMMENE KAPITÄN, dessen Schläfen ergraut waren, hatte das großartige Schiff *Glory* viele Jahre lang geführt und wollte sich endlich zur Ruhe setzen. An einem strahlenden wehmütigen Herbsttag mit weißen Wolken am Himmel war es so weit: Die Passagiere des Schiffs, Tausende an der Zahl, versammelten sich, um ihn zu verabschieden. Das Schiff ankerte vor einer grünen tropischen Insel, wo der scheidende Kapitän seinen Ruhestand verbringen wollte, um die frischesten Früchte zu essen und aus den saubersten Quellen zu trinken. Lange Zeit war er ein gütiger und unaufgeregter Schiffsführer gewesen, auf stürmischen Meeren ebenso wie auf ruhigen, und nicht wenigen Passagieren der *Glory* traten Tränen in die Augen, als sie ihn über die Gangway von Bord gehen sahen.

Unter den Menschen an Bord waren Schreiner und Lehrer, Maler und Professoren und Klempner, und sie waren aus jedem Winkel des Planeten aufs Schiff gekommen. Sie stimmten nicht immer in allem überein, aber sie hatten eine gemeinsame Geschichte, und im Laufe der Jahrhunderte hatten sie Tod und Geburt, herrliche Sonnenaufgänge und angsterfüllte Nächte, Krieg und Kummer und Triumph und Tragödien erlebt. Durch all diese Erfahrungen hatten sie ein Gespür dafür entwickelt, dass sie ein verrückter zotteliger menschlicher Flickenteppich waren, kunterbunt und voller Widersprüche, aber nicht bereit, sich trennen oder auseinanderreißen zu lassen.

Nach dem Abschied des alten Kapitäns sprachen die Passagiere darüber, wer seine Nachfolge antreten sollte. Es war eine gewaltige Herausforderung. Der scheidende Kapitän war nicht nur ein Held und ein gebildeter Mann, sondern auch ein so fähiger Seefahrer und Diplomat, dass er sich den Spitznamen »der Admiral« erworben hatte – ein Ehrentitel, der vor ihm noch nie einem Kapitän verliehen worden war.

Es gab etliche potenzielle Nachfolger des Admirals – rund ein Dutzend Besatzungsmitglieder, die bereits große Schiffe gesteuert hatten, die sich mit nautischer Navigation und mit Seerecht auskannten. Mindestens zehn von ihnen arbeiteten sogar schon seit Jahrzehnten auf diesem speziellen Schiff und kannten es bis aufs letzte Schräubchen. Während die Passagiere überlegten, welche dieser qualifizierten Personen das Ruder übernehmen könnte, ergriff einer von ihnen das Wort.

»Ich mache das«, sagte er laut mit einer hellen und

zugleich heiseren Stimme. Der Mann war groß und pummelig und ging ein bisschen nach vorn gebeugt, und er trug eine gelbe Feder im Haar. Alle Passagiere kannten ihn gut. Sie wussten, dass er der Typ war, der an der Minigolfanlage billige Souvenirs verkaufte, der sich von allen Erwachsenen und einigen Teenagern auf dem Schiff Geld geliehen hatte, der als Kartentrickser und Hütchenspieler Leute reinlegte, der an windigen oder regnerischen Tagen drinnen blieb (weil diese Wetterbedingungen für seine Feder katastrophal waren) und der so ziemlich alles sagte, was ihm gerade so einfiel.

»Ich mag den Typen«, sagte ein Passagier. »Der sagt alles, was ihm gerade so einfällt.«

»Ja!«, brüllte ein anderer. Dieser Mann hatte den Spitznamen Langfinger, weil er regelmäßig Passagieren die Brieftaschen und Portemonnaies stahl und sich darauf spezialisiert hatte, Kindern Süßigkeiten zu klauen. Langfinger war ein enger Freund des Mannes mit der gelben Feder, und die zwei gehörten einer Clique von Taschendieben und Trickbetrügern an, die sich meistens unter der Treppe bei der Damenumkleide versteckten, damit sie Upskirt-Fotos machen konnten. Einer von ihnen war Ed der Ungewaschene, der Geld wusch, ein anderer Sweetie, der die Süßigkeiten weiterverkaufte, die Langfinger Kindern gestohlen hatte. Dann waren da noch ein Erpresser namens Benny der Schröpfer, ein Mörder namens Patsy der Mörder und ein Trottel namens Michael der Cohen. Ein Knochenbrecher wurde Freddie der

Schläger genannt, und ein geschniegelter Gauner hieß Paul der Manafort, und sie beide – sie alle – jubelten am lautesten für den Mann mit der gelben Feder. Sie und die übrigen Upskirt-Jungs – denn so nannten sie sich – amüsierten sich köstlich bei der Vorstellung, dass ihr Kumpel, den sie alle insgeheim fast unerträglich vulgär und dünnhäutig fanden und der obendrein nach Zwiebeln und alter Mann roch, Kapitän werden würde.

»Lasst mich Kapitän werden!«, brüllte der Mann mit der gelben Feder. Er war vorher noch nie Kapitän gewesen. Er hatte nie ein Schiff irgendwelcher Art kommandiert und hatte die vorherigen Kapitäne laut und oft beschimpft. Tatsächlich hatte dieser Mann seinen Mitpassagieren schon seit Jahren erzählt, dass er Boote nicht ausstehen konnte. Er hatte wieder und wieder gesagt, Schiffe wären böse und jeder, der ein Schiff steuerte, wäre böse. Tatsächlich verabscheute er alle auf dem Schiff, außer sie waren bereit, ihm Geld zu leihen, oder sie waren Frauen in Badeanzügen.

»Lasst mich Kapitän werden!«, rief er wieder.

Langfinger und Sweetie und Pete das Rohr – Pete das Rohr habe ich vergessen; er schlug mit Metallrohren auf andere ein – lachten, weil die Idee, ihr Freund könnte Kapitän werden, schwachsinnig war. Komplett irre. Auch viele andere Passagiere lachten, weil alle Passagiere wussten, dass der Mann mit der gelben Feder ein Tölpel und völlig ungeeignet war. Außerdem war er allen als notorischer, unverbesserlicher Lügner bekannt. Wenn er 43 Dollar in der Tasche hatte, sagte er, er hätte 76 Dollar.

Wenn er beim Kartenspiel oder beim Golf verlor, ging er und erzählte dem Erstbesten, der ihm über den Weg lief, er hätte gewonnen. Er log, auch wenn es keinen Grund gab zu lügen. Er log bei der Uhrzeit, während er unter einer Uhr stand. Wegen seiner Lügen und wegen der unflätigen Witze, die er gern erzählte, nahm jeder an, dass auch das eine Lüge oder ein unflätiger Witz war.

»Diesmal lüge ich nicht, und es ist kein Witz«, sagte er und setzte eine ernste Miene auf, indem er die Lippen spitzte, wie ernste Leute das machen. Dann legte er eine Hand aufs Herz und sang ein patriotisches Lied, bis er den Text nicht mehr weiterwusste.

Dieser Patriotismus erstaunte jene Passagiere, die noch gut in Erinnerung hatten, wie es war, als sich das Schiff vor einigen Jahren im Krieg befunden hatte; während alle jungen Männer und Frauen der *Glory* mit Schwertern und Kanonen gekämpft hatten, um das Schiff und seine Abertausenden Unschuldigen zu schützen, hatte sich der Mann mit der gelben Feder im Bauch des Schiffs versteckt und sich Pornohefte angeguckt.

»Hören wir uns an, was er zu sagen hat«, sagte ein neunfacher Großvater, der in jeder Hinsicht vernünftig und redlich war.

Die Passagiere fragten den Mann mit der gelben Feder, wie er zum Thema Steuern stehe.

»Nur Idioten zahlen Steuern«, sagte er.

»Hurra!«, riefen viele der Passagiere. Sie fanden, das war ein neuartiger Ansatz in Sachen Steuerzahlung – einfach keine zahlen. Mit diesem einen Satz gewann die

Kandidatur des Mannes mit der gelben Feder beträchtlich an Dynamik.

»Ich erkläre«, sagte der neunfache Großvater, der in jeder Hinsicht vernünftig und redlich war, »dass wir so jemanden brauchen, der mal alles umkrempelt.«

Die Passagiere dachten darüber nach und begannen, ernsthaft zu diskutieren. Der Gedanke, alles umzukrempeln – von ihrer Zahnpasta bis hin zu ihren Schuhen –, hatte für die meisten an Bord des Schiffs durchaus einen gewissen Reiz. Alles umzukrempeln, barg für sie die Verheißung, ganz gleich, wie irrational und unbewiesen, dass alles besser werden würde, sobald es umgekrempelt oder einfach nur mal wahllos in die Luft geworfen worden war. Als könnte bei dem Fliegen und Fallen Stahl irgendwie zu Gold, Traurigkeit zu Triumph und das, was gut gewesen war, großartig werden.

»Alles umkrempeln! Alles umkrempeln!« Diese Parole skandierte zuerst eine Horde halbstarker Jungs, die das nicht ganz ernst meinten und kurz zuvor noch dabei gesehen worden waren, wie sie ihre Namen auf die Shuffleboardbahn pinkelten.

Der Lärm hielt noch an, als die Erste Offizierin des Schiffs, eine couragierte Frau, die dem vorherigen Kapitän unzählbar viele Jahre zur Seite gestanden hatte, vortrat.

»Liebe Passagiere«, sagte sie, »nichts für ungut, aber was wir am wenigsten brauchen, ist jemand, der alles umkrempelt. Das hier ist ein Schiff. Ein Schiff voller Menschen, die alle in unserer Obhut sind. Der Ozean da draußen ist unermesslich weit und tief und voll unbekannter Gefahren – von Sturmböen über Haie bis zu Taifunen. Das Meer beschert uns schon genug Unsicherheit und Chaos. Was wir am wenigsten gebrauchen können, ist ein Kapitän, der uns noch *mehr* davon beschert.«

Aber viele Passagiere waren inzwischen fasziniert von der Vorstellung, dass der Mann mit der gelben Feder den wichtigsten Posten auf dem Schiff bekleidete. Schon seit Langem herrschte auf dem Schiff eine Maxime, die alle Eltern ihren Kindern beibrachten und die da lautete: »Auf diesem Schiff kann jeder Kapitän werden.« Dieses Diktum ließ erkennen, welch hohen Wert Chancengleichheit und Gleichberechtigung und eine vorgeblich klassenlose Gesellschaft auf dem Schiff hatten. Aber als diese Maxime das erste Mal geäußert wurde, war damit gemeint, dass jeder, selbst jemand aus bescheidenen Verhältnissen, durch jahrzehntelanges fleißiges Lernen und Studieren, durch Qualifikationen und Prüfungen eines Tages die Chance bekommen konnte, zum Kapitän aufzusteigen.

Doch im Laufe der Jahre war der Gedanke dahin gehend umgedeutet worden, dass jeder Schwachkopf eines Montags beschließen könne, Kapitän zu werden, und dass dieser Schwachkopf ohne irgendwelche Befähigung bereits am Dienstag die Verantwortung für ein 300.000-Tonnen-Schiff und die Tausende von Menschen an Bord übernehmen könne.

Um genau das zu betonen, trat ein nachdenklicher Mann vor und streckte einen pädagogischen Zeigefinger in die Luft. »Wenn wir wirklich glauben, dass jeder Kapitän werden kann«, sagte er, »sollten wir zum Beweis die am wenigsten qualifizierte, am wenigsten respektierte Person auf dem Schiff wählen – einen Mann, der noch nie irgendetwas für irgendwen außer sich selbst getan hat, einen Mann, der offensichtlich für alle vorherigen Kapitäne nichts als Verachtung empfindet und keinerlei Respekt hat vor den Erbauern des Schiffs, seiner Geschichte oder vor all dem, wofür es steht.«

Für viele Passagiere war das wunderbar einleuchtend. Um zu beweisen, dass sie alle gleich waren, sollten sie, so der logische Schluss, einem bekannten Mann die Führung überlassen, der bekanntermaßen ein Dummkopf war.

Inmitten der Diskussion trat eine Zwölfjährige vor. Sie hieß Ava. Als Kind hatte Ava kein Mitspracherecht bei der Abstimmung darüber, wer das Schiff führen sollte, dennoch ergriff sie das Wort. »Ich habe mir eure Debatte angehört«, sagte sie, »und ich bin ehrlich gesagt entsetzt, dass diese Idee überhaupt in Betracht gezogen wird. Es kann nicht sein, dass eine Gruppe rationaler Erwachsener einem solchen Mann so viel Macht erteilt über unser aller Leben – einem Mann, der absolut keine einschlägige Erfahrung hat, der noch nie auch nur eine Jolle gesegelt hat; einem Mann, der für sein unflätiges Mundwerk und seine gelbe Feder bekannt ist; einem Mann, der genau in diesem Moment meine Mutter begrapscht.« Denn er begrapschte gerade die Mutter des Mädchens.

»Verkauft euch nicht unter Wert«, sagte Ava. »Wir sind ein nobles Volk mit einer stolzen Geschichte. Wir verdienen es, von dem aufgeklärtesten, vernünftigsten und ehrenhaftesten Menschen unter uns geführt zu werden, nicht von dem großmäuligsten, gemeinsten, egoistischsten Menschen aller Zeiten, der obendrein noch ein eitler Gockel ist.«

II

»ICH BIN GERNE KAPITÄN«, sagte der Mann mit der gelben Feder. Er stand hoch oben auf der Brücke der *Glory* und blickte mit stolzgeschwellter Brust übers Meer. Die Passagiere des Schiffs hatten ihn gewählt, das Schiff zu führen, und er war sehr erfreut darüber.

Auch die Anhänger des neuen Kapitäns waren erfreut. Sie waren sogar überglücklich. Nie zuvor in ihrem Leben war so etwas vorgekommen. Sie fühlten sich siegestrunken und zu allem imstande, als könne nichts und niemand sie noch aufhalten. Um den beispiellosen Triumph zu feiern, planten sie, zu Ehren des neuen Kapitäns später am Tag eine Parade abzuhalten. Während einige Anhänger das Schiff mit Fähnchen und Luftballons schmückten, sahen sich einige der glühendsten Fans des Kapitäns vor lauter Begeisterung außerstande, beim Dekorieren mitzuhelfen, und suchten sich stattdessen zwei Passagiere, die den vorherigen Kapitän unterstützt hatten, um dann mit Knüppeln und Hämmern auf sie einzuprügeln, wobei sie bei jedem Schlag voller Freude an den neuen Kapitän dachten. Noch während sie auf ihre Gegner eindroschen, erfuhren sie, dass der Admiral soeben gestorben war. Vor Schock und Enttäuschung über den Aufstieg des schlimmsten Passagiers an Bord der *Glory* war ihm der Kopf eingefroren und gleichzeitig das Herz zersprungen, worauf auch sein restlicher Körper aufgab. Diese Nachricht, so traurig sie für viele war, empfanden die leidenschaftlichsten Anhänger des Mannes mit der gelben Feder als überaus beglückend. Jetzt fühlten sie sich nicht nur siegreich, sondern auch befreit – von der Geschichte, von allem, was bieder und muffig und abgestanden war.

Und doch gab es etwas, das an diesen Anhängern des Mannes mit der gelben Feder nagte. Als das Mädchen seine Rede gehalten hatte, in der es den neuen Kapitän als »eitlen Gockel« bezeichnete, hatte sich jeder von ihnen nicht nur angesprochen gefühlt, sondern auch gekränkt. Diese Beschreibung hatte richtig wehgetan.

Aber dann hatten ein paar besonders fanatische Anhänger des Kapitäns eine Idee. Und die Idee war, die Beleidigung positiv umzudeuten. Bei den Vorbereitungen auf die Parade befestigten sie Tausende Hühnerfedern an ihrer Kleidung und bastelten aus Papptellern Schnäbel. Auf die Brust schrieben sie die Worte Eitle Gockel, und zur großen Freude der anderen Anhänger des Kapitäns stolzierten sie auf dem Schiff umher. Die Upskirt-Jungs fanden das eigentlich doof und grotesk, aber sie sagten nichts in der

Hoffnung, der Gefieder-Blödsinn würde sich durchsetzen.

Und tatsächlich. Innerhalb kürzester Zeit schufen Dutzende weiterer Anhänger ihre eigenen Eitle-Gockel-Kostüme, wobei manche sich nicht nur mit Hühnern begnügten, sondern sich auch als anderes Federvieh verkleideten, das ihrer Meinung nach am besten ihre jeweilige Persönlichkeit widerspiegelte. Und so sah der Kapitän, als die Parade begann und er auf einer Sänfte durch die Menge getragen wurde, seine Anhänger kostümiert als Hennen und Hähne, Rennkuckucke und Kondore, Meisen und Kakadus. Sie hielten Plakate mit der Aufschrift UNSER KAPITÄN EIN EITLER GOCKEL!, und sie bejubelten den neuen Kapitän überschwänglich. Als der Kapitän ihnen ganz nahe kam, versuchten sie, ihn zu berühren, doch er wich zurück, weil er sie für schmuddelige Trottel hielt, die unsägliche und unzählbare Keime und Krankheitserreger übertragen konnten.

Davon abgesehen war es jedoch eine wunderbare Parade, und der neue Kapitän wünschte, sie wäre ewig weitergegangen. Die Vorstellung, den ganzen Tag auf der Brücke zu stehen und zu navigieren und zu kommandieren, war für ihn weniger verlockend, als von Menschen in selbst gemachten Vogelkostümen bejubelt zu werden.

Am Ende der Parade wurde er auf die Brücke getragen, wo er von einem Dutzend Besatzungsmitgliedern beäugt wurde, die ihm assistieren sollten und von denen er keinem traute. Er sah sich all die Bildschirme und Hebel und Knöpfe an, und er stieß einen Pfiff aus. »Das sind ja ganz schön viele Bildschirme und Knöpfe!« Er pfiff ein weiteres Mal. Das ist jetzt schon komplizierter, als ich dachte, dachte er.

Er befand, dass er Hilfe brauchte. Sogleich kam ihm eine Frau in den Kopf, die er öfter auf dem Schiff gesehen hatte. Er beobachtete sie schon, solange er sich erinnern konnte, bewunderte ihr hübsches herzförmiges Gesicht und ihre hinreißende Figur und ihr Haar, das seidig und glatt und so gelb wie seine Feder war. Er sprach oft mit anderen Männern darüber, wie attraktiv sie war und wie gut sie roch und wie gern er mit ihr zusammen wäre. Er wollte so ein umwerfendes Geschöpf immer in seiner Nähe haben, daher fragte er sie, ob sie ihm helfen würde, das Schiff zu führen.

»Okay, Dad«, sagte sie.

III

MIT SEINER TOCHTER an seiner Seite fühlte der Kapitän sich gleich viel besser. Seine Tochter hatte aber ihre Puppe mitgebracht, und der Anblick dieser schlaffen Jungenpuppe mit rosigen Wangen und schwarzen leeren Augen gab ihm jedes Mal zu denken. Der leblose unechte Junge hatte etwas Ausdrucksloses und zugleich Unheimliches an sich, aber da seine Tochter die Puppe liebte, blieb dem Kapitän nichts anderes übrig, als das Zweiergespann zu akzeptieren. Es gab jedoch noch andere Subjekte in seiner Umgebung, die den Kapitän noch mehr ärgerten.

»Wer sind die ganzen Leute um uns herum?«, fragte er.

»Das ist die Besatzung, Dad. Sie helfen, das Schiff zu steuern. Das da ist der Leitende Ingenieur, und das da ist der Erste Offizier, und das da ist –«

»Stopp«, sagte der Kapitän, »bitte hör auf.« Von den vielen Fachbegriffen tat ihm nämlich bereits das Hirn weh. Umgeben von Leuten, die er nicht selbst angeheuert hatte, fühlte sich der Kapitän unwohl, und zu allem Übel hatten viele der Besatzungsmitglieder auf der Brücke Schnurrbärte, und umgeben von Schnurrbärten fühlte sich der Kapitän unwohl. Der Kapitän flüsterte seiner Tochter den Vorschlag zu, alle Männer und Frauen auf der Brücke zu feuern, und die Tochter des Kapitäns zuckte mit den Achseln. Sie hielt es nicht für eine gute Idee, das ganze Navigationspersonal zu feuern, aber andererseits glaubte sie nicht, dass es ihr als Hauptberaterin des Kapitäns zustand, ihm das zu sagen.

Der Kapitän stellte sich vor, wie er all diesen Leuten sagen würde, dass sie entlassen oder gefeuert waren. Er hatte eine wundervolle Vision, wie er aufrecht vor ihnen stand und sagte: »Ihr seid alle von euren Pflichten entbunden! Ihr habt eine Minute, um die Brücke zu verlassen!« In seiner Vision war er sehr groß und stark, und das Personal war sehr unterwürfig und eingeschüchtert.

Aber der Gedanke, sie alle tatsächlich zu feuern, bereitete ihm Bauchschmerzen, daher bat er seine Tochter, es zu tun. Achselzuckend entließ sie den Ersten Offizier, den Leitenden Ingenieur, den Quartiermeister, den Ersten Funker, die Sicherheitsoffiziere, die Steuerbordwache und so weiter – kurz gesagt jeden auf dem Schiff, der wusste, wie ein Schiff bedient wurde, und in Hörweite war.

Als sie gegangen waren, war die Brücke leer, und der Kapitän fühlte sich um einiges wohler. Einige Minuten lang saßen der Kapitän und seine Tochter und ihre

Puppe schweigend da; sie waren alle drei bereits gelangweilt und wünschten, sie könnten woanders sein.

»Ich werde eine Durchsage machen«, sagte der Kapitän.

»Klingt gut, Dad«, sagte seine Tochter.

Er schaltete das Mikrofon ein, das mit Lautsprechern auf dem ganzen Schiff verbunden war. »Wir werden euch mit auf eine Reise nehmen, die ihr nie vergessen werdet!«, sagte er.

Das war ein guter Anfang, dachte er, und seine Tochter und viele der Passagiere fanden das auch.

»Und wohin sollen wir fahren?«, fragte die Tochter ihren Vater.

Der Kapitän strahlte. »Ich will irgendwohin fahren, wo es echt toll ist«, sagte er. »Wo es besser ist als alles, wo wir schon mal waren, aber auch wie die Vergangenheit und auch gelb.« Der Kapitän, seine Tochter und ihre Puppe standen eine Weile auf der Brücke und überlegten, wo ein solcher Ort wohl sein könnte.

Die Nacht brach herein, und keinem von ihnen war irgendwas eingefallen. Einen Moment lang, irgendwann nach Mitternacht, schienen die leeren Augen der Puppe kurz zu flackern, aber das war bloß eine optische Täuschung.

IV

SOLANGE ER ZURÜCKDENKEN KONNTE, hatte der Mann mit der gelben Feder Schwierigkeiten mit dem Einschlafen. Ständig gingen ihm Wortwechsel und Schuldzuweisungen durch den Kopf, und er wälzte sich im Dunkeln in seinem Bett wie ein ruheloses Kätzchen.

Nachdem er gewählt worden war, um das Schiff zu lenken, hatte er gehofft, dass sein neues Quartier und sein neuer Rang ihm einen besseren Schlaf bescheren würden, doch dem war nicht so. In der ersten Nacht in seiner Luxuskabine tat er kein Auge zu.

Der Kapitän lag wie immer auf dem Rücken und starrte an die Decke, während er darauf wartete, endlich einzuschlafen, doch stattdessen führte er im Kopf unzählige Kämpfe gegen seine früheren Lehrer, die ihn nicht für hochintelligent gehalten hatten, gegen all die Frauen, die nicht in Verzückung gerieten, wenn er in Aufzügen und auf Straßen seine Genitalien an sie drückte, und gegen all

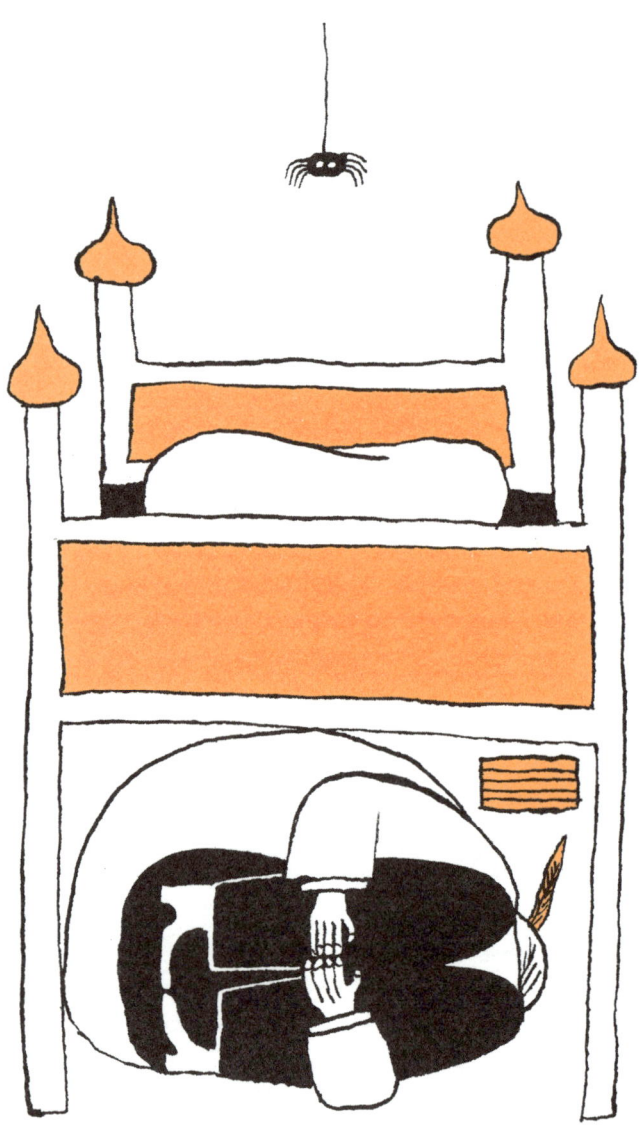

die Passagiere an Bord, die ihn nicht zum Kapitän gewählt hatten.

Dann kam die Spinne. Sie war einfach da, an der Decke, kopfüber, als wäre sie schon die ganze Zeit da gewesen, und trotzte irgendwie der Schwerkraft – trotzte der Unantastbarkeit und Reinheit seiner Kabine. Sie krabbelte entschlossen an der Decke entlang und verharrte dann direkt über seinem Bett. Direkt über seinem Gesicht! Der Kapitän unterdrückte einen Schrei. Dann rutschte er ganz langsam, damit die Spinne ihn ja nicht bemerkte und auf die Idee kam, sich auf ihn herabzulassen, vom Bett und plumpste viel lauter als beabsichtigt auf den Boden, wo er sich in die Ecke rollte.

Er sah nach oben. Nein! Die Spinne war ihm an der Decke gefolgt, als hätte sie seine Bewegungen gespiegelt. Der Kapitän wimmerte leise. Er hatte häufig, sogar stündlich, Angst vor allem Möglichen, von Keimen über Frauen, die keine Badeanzüge trugen, bis hin zu Squash, aber er war sicher, dass er noch nie so große Angst gehabt hatte wie in dem Moment, als er hochschaute und die Spinne über ihm an der Decke sah.

Der Kapitän wusste, dass er sich nicht wieder ins Bett legen konnte. Vielleicht nie wieder. Er wusste auch, dass er nirgendwo in der Luxuskabine sicher war. Aber dann hatte er eine Idee. Aus seinem jetzigen Blickwinkel konnte er sehen, dass das Bett höher war als ein durchschnittliches Bett und dass darunter ziemlich viel Platz war. Wenn er es schaffte, aus der Ecke des Raums unter das Bett zu kriechen, könnte er dort bleiben, vielleicht sogar dort schlafen, da die Spinne ihn nicht sehen und nicht an ihn herankommen könnte.

Also robbte der Kapitän von seiner Ecke Richtung Bett, wobei er jeden Moment damit rechnete, dass die Spinne sich herablassen und ihn mit ihren winzigen geriffelten Beinen berühren würde … Doch dann hatte der Kapitän es geschafft. In der klaustrophobischen Dunkelheit unter dem Bett angekommen, empfand er eine riesige Erleichterung. Er war dort sicher, unsichtbar und wusste auf Anhieb, dass er in der Nacht und in allen Nächten danach genau da schlafen würde – auf dem Fußboden, unter seinem Bett.

»Pst«, sagte eine Stimme. Der Kapitän schaute nach links und rechts, fürchtete kurz, dass die Spinne, die ihn drangsalierte, zu der sprechenden Sorte Spinnen gehörte.

»Pst«, sagte die Stimme wieder. Jetzt ortete der Kapitän die Quelle des Geräuschs. Es kam aus dem Lüftungsgitter an der Wand neben dem Bett. Er schob sich näher heran.

»Ja?«, sagte er in das Gitter.

»Kapitän«, sagte die Männerstimme, verhalten, aber eindringlich. »Ich habe Ihnen allerhand zu sagen. Zuerst muss ich Ihnen gratulieren, dass Sie der Furcht einflößenden Arachnide so trickreich entkommen sind. Spinnen sind, wie ein Mann mit Ihrem Intellekt zweifellos weiß, die gefährlichsten Bazillenträger der Welt, und sie verursachen außerdem Rektalblutungen.«

Der Kapitän kannte diese Spinnenfakten über Bazillen und Rektalblutungen nicht, aber er verschwieg der

Stimme im Lüftungsschacht, dass er das nicht gewusst hatte. Es gefiel ihm, das Wort Intellekt im Zusammenhang mit sich zu hören, und er wollte dessen neue Verbindung mit seinem Namen nicht gefährden.

»Dieses Schiff hat schon lange ein Problem mit Spinnen, wie Ihnen natürlich bekannt ist«, sagte die Stimme im Lüftungsschacht. »Wir sind praktisch von ihnen be*fallen*. Es ist ein großes Problem, eine regelrechte Schande, und könnte die Zerstörung des Schiffs und vielleicht der Welt zur Folge haben.«

Der Kapitän hatte noch nie eine Spinne auf diesem Schiff gesehen und hatte auch noch nie irgendwen von einer Spinne auf diesem Schiff reden hören – weshalb der Anblick der Spinne an seiner Kabinendecke ihn dermaßen in Panik versetzt hatte. Aber jetzt, da die Stimme im Lüftungsschacht es erwähnte, war der Kapitän sicher, dass er tatsächlich von dem Spinnenproblem gehört hatte, dass es ein großes Problem war, eine regelrechte Schande, ja sogar eine Plage, die das Schiff und die Welt bedrohte.

»Auch ich habe die vernünftige Entscheidung getroffen, unter dem Bett zu schlafen«, sagte die Stimme im Lüftungsschacht. »So bin ich vor den Rektalblutungsspinnen geschützt und auch vor gewissen Leuten, die bei mir Unbehagen auslösen, wie zum Beispiel jemand, der dunkelhäutig genannt werden könnte.«

Der Kapitän spürte, wie sich auf seinem Gesicht ein strahlendes Lächeln ausbreitete. Diese Stimme, die aus dem Lüftungsschacht kam, verstand ihn besser als jeder andere, den er kannte – sogar besser als seine Tochter, die ein heißer Feger war. Auch beim Kapitän lösten gewisse Leute, die dunkelhäutig genannt werden könnten, Unbehagen aus, doch er hatte nie gedacht, dass es die Lösung wäre, sich einfach unter dem Bett zu verstecken. Aber so war es!

Und weil der Kapitän wach war und nichts anderes zu tun hatte, lauschte er in den nächsten paar Stunden der Stimme im Lüftungsschacht, die ihm sehr viele faszinierende Dinge erzählte, so viele Dinge, die der Kapitän vermutet hatte, die er aber nie gewagt hatte auszusprechen. Die Stimme im Lüftungsschacht trug die durchaus vernünftige Theorie vor, dass es in Wahrheit zweihundertsiebenundneunzig Jahre früher war als gemeinhin angenommen, und Schuld daran war Papst Silvester (ein sehr schlimmer Finger). Sie erklärte, dass bestimmte Sandwiches nicht gut waren. Sie erklärte, dass die historischen Feinde der *Glory* – allerlei Piraten, die auf den Meeren ihr Unwesen trieben, plünderten und Unschuldige köpften – in Wahrheit bewundernswerte Draufgänger waren und dass der Kapitän gut daran täte, sich bei diversen Initiativen mit ihnen zusammenzutun. Sie erklärte einleuchtend, dass die Besatzungsmitglieder, die im Maschinenraum arbeiteten, eine Verschwörung gegen den Kapitän anzettelten und dass es besser für das Schiff wäre, wenn gewisse Leute mit einem gewissen Aussehen und einer gewissen Herkunft über Bord geworfen würden.

Der Kapitän hörte gebannt zu, wie die Stimme im Lüftungsschacht dann die vielen Dinge aufzählte, die es zu fürchten und zu hassen galt, und die vielen Gründe, warum die Nicht-unter-dem-Bett-Welt beängstigend und bedrohlich war. Der Kapitän hatte endlich das Gefühl, dass jemand seine geheimsten Gedanken zum Ausdruck brachte. Ebenso wie die Stimme im Lüftungsschacht konnte der Kapitän die meisten Menschen nicht ausstehen und vermutete, dass sich hinter jeder scheinbar einfachen Wahrheit eine finstere Lüge verbarg. Es gab so viele Dinge, die die Stimme im Lüftungsschacht ebenso wütend und fassungslos machten wie den Kapitän: Salat zum Beispiel und auch Wörterbücher und Häuser im Ranch-House-Stil und Schnurrbärte natürlich und Frauen, die keine Badeanzüge trugen. All diese Dinge machten auch die Stimme im Lüftungsschacht wütend und fassungslos, und sie hatte superkluge Theorien, wie diese furchtbaren Faktoren zusammenhingen und darauf ausgelegt waren, den Kapitän und das Schiff zu schwächen. Je länger die Stimme im Lüftungsschacht sprach, desto mehr spürte der Kapitän, dass er stärker wurde. Er hatte das Gefühl, während die Stimme die Nacht hindurch redete, dass er einen wahren Freund gewonnen hatte, einen Fürsprecher, einen Verbündeten – einen Nordstern.

V

ALS DIE PASSAGIERE am nächsten Morgen erwachten und zum Frühstück in die Cafeteria gingen, sahen sie auf der Wegwischtafel, wo normalerweise die Wettervorhersage für den Tag und die Speisekarte standen, eine Reihe von Mitteilungen in der krakeligen Handschrift eines Kindes.

REKTALBLUTUNGSSPINNEN LAUFEN
AMOK AUF DEM SCHIFF :(

*

LEUTE, DIE MASCHINEN »BEDIENEN«,
SIND EURE FEINDE.

*

MEIN P-NES: FRAUEN HATTEN SPASS!!

*

AUSSERDEM WERDEN WAHRSCHEINLICH BALD EIN
PAAR LEUTE ÜBER BORT GEWORFEN.

Während die Passagiere frühstückten, rätselten sie über die Mitteilungen an der Wegwischtafel. Sie wussten, dass der Kapitän sie geschrieben hatte, denn die plumpe Handschrift des Kapitäns war unverkennbar, und er war der einzige Erwachsene an Bord, der auch bei alltäglichen Wörtern zu Rechtschreibfehlern neigte, willkürlich alles großschrieb und traurige Smileys am Ende von Sätzen benutzte.

Die Passagiere folgerten, dass der Kapitän früher als alle anderen aufgewacht und nach unten in die Cafeteria gekommen war, um Mitteilungen, die nicht das Geringste mit der Führung des Schiffs zu tun hatten, auf eine Wegwischtafel zu schreiben, auf der normalerweise Informationen über Regen und Suppe standen.

»Das ist völlig anders als vorher«, sagte eine Passagierin. Und dem konnte niemand widersprechen. Die Dinge hatten sich geändert.

Nach dem Frühstück gingen die Passagiere des Schiffs mehr oder weniger wie zuvor ihren Tätigkeiten und Vergnügungen nach. Kinder spielten Pingpong und planschten im Pool, und Eltern passten auf und machten sich Sorgen und flanierten auf dem Promenadendeck. In Büros und Gärten und Galerien und Bibliotheken wurde gearbeitet. Es gab Partys, Picknicks und Büfetts, obwohl die Passagiere während all dieser alltäglichen Beschäftigungen leicht abgelenkt waren, weil sie an den siebzigjährigen Phallus des Kapitäns und die Frauen, an denen er ihn gerieben haben könnte, dachten. Und, so dachten sie, hatte er nicht auch erwähnt, dass Leute über Bord geworfen werden sollten? Im Laufe des Tages gab es zig Diskussionen über den neuen Kapitän und seine neue Art zu kommunizieren.

»Ich finde das erfrischend«, sagte eine Frau. »Er sagt, was er denkt.«

»Er schreibt so, wie ich spreche, wenn ich betrunken bin«, sagte ein Mann, »und das finde ich beruhigend.«

So lange die Passagiere zurückdenken konnten, war jeder frühere Kapitän einfach der Kapitän gewesen, distinguiert und ruhig, hatte das Schiff gelenkt und sich ab und zu in Abendgarderobe beim Dinner blicken lassen. Wenn diese früheren Kapitäne überhaupt mal etwas sagten, äußerten sie sich mit stiller Zurückhaltung und Würde. Sie benutzten häufig komplizierte Wörter, und wenn sie eine Rede hielten, lasen sie von Notizzetteln ab. Das alles, so erkannten die Anhänger des neuen Kapitäns, verriet Unehrlichkeit und einen gewissen spürbaren Elitismus.

In den Augen der Eitlen Gockel jedoch war dieser neue Kapitän aufrichtig und ungeschminkt. Und weil er nicht richtig schreiben konnte und weder Geschmack noch Manieren hatte, weil er keinen Filter und keine Scham kannte, weil er keinen Sinn dafür hatte, was richtig und was falsch war – weil er aus dem Stegreif log –, war er der ehrlichste Kapitän, den sie je gekannt hatten.

Als sie an jenem ersten Morgen sahen, was er auf die Wegwischtafel gekritzelt hatte, wurde diesen Passagieren klar, dass sie sich von ihrem Kapitän eigentlich nie langweilige Mitteilungen über das Wetter und das

Essen gewünscht hatten. Sie hatten sich schon immer wirre, vor Sonnenaufgang geschriebene Mitteilungen über die Ängste, die Feinde und den Penis des Kapitäns gewünscht.

VI

INDEM DER KAPITÄN seine persönlichsten und sorgenschwersten Gedanken für jeden sichtbar auf eine Wegwischtafel schrieb, baute er einen massiven inneren Druck ab. Am Morgen seiner ersten Wegwischmitteilungen, fast unmittelbar nachdem er sein letztes falsch geschriebenes Wort zuwege gebracht hatte, fühlte er sich enorm getröstet. Er eilte mit einem so friedlichen und unbelasteten Geist zurück in seine Kabine, dass er sich aufs Bett – unter das Bett – legte, um ein Nickerchen zu halten.

»Pst«, sagte die Stimme. »Gute Idee mit den Mitteilungen an der Tafel.«

Dem Kapitän ging das Herz auf. Er kannte die Stimme im Lüftungsschacht zwar erst seit Kurzem, hatte aber das Gefühl, dass es außer seiner bildschönen Tochter – die an dem Tag ein richtig sexy Outfit trug, wahrscheinlich aus Angorawolle, das er einfach nicht aus dem

Kopf bekam, großer Gott – niemanden gab, dessen Anerkennung er mehr suchte und schätzte.

Der Kapitän und die Stimme im Lüftungsschacht hatten in dieser Nacht ein weiteres wunderbares Gespräch. Die Stimme im Lüftungsschacht erzählte ihm, dass Wolken voll mit Chemikalien waren, die die Spermienzahl verringerten, und dass man die meisten Gabeln nicht benutzen sollte, weil Schamhaare daran hafteten. Sie erklärte, dass Schweinefleisch in Wahrheit Kitt war und dass alle Bücher von Leuten geschrieben wurden, die keine Erektion haben konnten und die sich gegen den Kapitän verschworen, zusammen mit den Rektalblutungsspinnen. Außerdem rief sie dem Kapitän in Erinnerung, dass es höchste Zeit wurde, ein paar Leute über Bord zu werfen.

Am nächsten Morgen lasen die Passagiere des Schiffs etliche neue Mitteilungen an der Wegwischtafel.

NOCH WAS ÜBER MEINEN P-NES: VIEL BESSER
ALS DER VOM VORHERIGEN KAPITÄN

*

DIESE WOCHE: JEDER KRIEGT 1,50 DOLLAR XTRA!

*

EINIGE PASSAGIERE WERDEN BALD
IN DEN OZEAN GEWORFEN!!

*

FRÖHLICHER SINCO DE MAYO

Die Passagiere an Bord und sogar die Eitlen Gockel waren hin- und hergerissen. Sie freuten sich, dass sie in der Woche 1,50 Dollar zusätzlich bekommen würden, aber sie waren auch besorgt wegen der Spinnen, die Blutungen verursachten, und weil das Schiff den Hafen noch nicht verlassen hatte, obwohl der Kapitän seit vielen Tagen Kapitän war.

VII

AN DEM MORGEN stand der Kapitän hoch oben auf der Brücke und schaute sich um. Während er den Blick über den Horizont gleiten ließ, fiel ihm etwas auf. Das Schiff schien sich nicht zu bewegen. Er wandte sich an seine Tochter. »Warum bewegen wir uns nicht?«, fragte er sie.

»Wir haben im Augenblick keine Leute, die das Schiff navigieren können«, sagte sie. »Wir haben alle gefeuert, weißt du nicht mehr?«

Der Kapitän sah sie an und wusste, dass sie recht hatte. Sie hatte immer recht. Sie ist so schlau, dachte er. Sie war auch so hinreißend und kurvenreich und sittsam, dass er immer, wenn er an sie dachte, gedanklich in unappetitliche Regionen abdriftete.

»Aber wir haben das hier«, sagte sie und holte ein sehr dickes Buch hervor, das einen leuchtend orangen Einband hatte und auf dessen Rücken *Schiffshandbuch* stand. Seine Tochter begann, es durchzublättern, sagte mal Oh und

sogar Ah, als sie sah, wie detailliert und informativ es war, und gab Laute der Dankbarkeit und Erleichterung von sich.

»Kann ich mal sehen?«, sagte der Kapitän und riss seiner Tochter das Buch aus den wunderschönen Händen. Er verließ die Brücke, trat an die Reling und warf das Buch über Bord. Die Seiten fächerten sich kurz auf wie ein spastischer Vogel im Flug, dann klappte das Buch wieder zu und schlug klatschend auf dem Wasser auf. Der Kapitän sah zu, wie das Handbuch rasch im violetten Meer versank.

Aber es versank nicht richtig. Es dümpelte weiter auf dem Wasser. »Wieso geht das Ding nicht unter?«, fragte der Kapitän.

»Ich weiß nicht, Dad«, sagte seine Tochter. »Wahrscheinlich ist es extra so gemacht, dass es nicht untergeht.«

Der Kapitän sah zu, wie das Buch kleiner wurde, je weiter die Wellen es von der *Glory* wegtrieben, und obwohl er sich gewünscht hatte, dass es spurlos versank, war es doch immerhin verschwunden, und auch das Engegefühl in der Brust, das das Buch bei ihm ausgelöst hatte, war nicht mehr da. Solche Bücher, fand er, waren etwas für Leute ohne natürliche Begabung und ohne angeborene Führungsqualität, und schlimmer noch, sie bedeuteten, dass es Kapitäne vor dem Kapitän gegeben hatte und dass es auch nach ihm Kapitäne geben würde, und beide Vorstellungen bewirkten, dass der Kapitän etwas empfand, das an Unwichtigkeit grenzte, und einen solchen Affront konnte der Kapitän nicht hinnehmen. Er war sicher, dass er einen Cheeseburger brauchte, der von Teenagerinnen zubereitet und in Papier eingewickelt worden war.

Nachdem er seinen von Teenagerinnen zubereiteten und in Papier eingewickelten Cheeseburger gegessen hatte, machten der Kapitän und seine Tochter und ihre Puppe sich daran, all die Besatzungsmitglieder zu ersetzen, die sie gefeuert hatten. Aber da der Kapitän jedem misstraute, der schon mal gearbeitet hatte, traf er seine Auswahl mit Bedacht, denn er wollte niemanden für irgendeinen Bereich des Schiffs anheuern, der diesen Bereich des Schiffs schon mal gesehen hatte.

Als Leitenden Ingenieur stellte er einen Mann ein, den er mal am Pool getroffen hatte und der gesagt hatte, dass ihm die Feder des Kapitäns gefiel. Zur Ersten Offizierin machte er eine Freundin seiner Tochter; sie hatte lange Beine und tolle Haare, und sie hatte dem Kapitän oft erlaubt, sie anzustarren, während sie Salat aß. Freddie den Schläger machte er zum Leitenden Elektriker. Zum Ersten Steuermann machte er Pete das Rohr. Ja, er fand für all seine alten Freunde eine Aufgabe. Langfinger kümmerte sich um das Geld, Sweetie kümmerte sich um das Essen, Patsy der Mörder übernahm die Krankenstation und Paul der Manafort leitete das Büro für Ethik und Verantwortung. Das Tierheim des Schiffs wurde durch ein Schlachthaus ersetzt. Die Lehrer des Schiffs wurden durch Polizisten ersetzt. Die Theatergruppe des Schiffs wurde durch einen Fernseher ersetzt. Der Bibliothekar des Schiffs wurde durch einen Fernseher ersetzt. Der Historiker des Schiffs wurde durch einen Fernseher ersetzt. Das Sinfonieorchester des Schiffs wurde durch einen Fernseher ersetzt, der patriotische

Lieder spielte, und als Leiterin der Agentur zur Förderung kleiner Unternehmen ernannte der Kapitän die Frau des Mannes, der der *World Wrestling Federation* vorstand.

Die einzige Gruppe von Leuten, die er nicht ersetzen durfte – das war eine unumstößliche Regel an Bord und daher in seinen Augen eine Schande –, waren die im Maschinenraum. Da die Stimme im Lüftungsschacht ihm davon abgeraten hatte, mit den Leuten im Maschinenraum zu reden (weil sie seine Feinde waren), sagte der Kapitän seiner Tochter, sie solle Langfinger sagen, er solle im Maschinenraum anrufen und ihnen befehlen, die Maschinen zu starten. Es funktionierte. Sie starteten die Maschinen, und das Schiff erwachte ächzend zum Leben.

»Und jetzt?«, fragte er seine Tochter.

Gemeinsam blickten sie auf die Steuerinstrumente. Der Kapitän suchte nach einem Knopf, auf dem VORWÄRTS oder GERADEAUS stand, aber so einen Knopf gab es nicht.

»Ich glaube, ich hab's«, sagte seine Tochter. Der Kapitän drehte sich zu ihr um und sah, dass sie in einem Buch las; prompt zog sich ihm der Magen zusammen. »Ich glaube, du brauchst einfach nur das Steuerrad gerade zu halten«, sagte sie, »dann fährt es geradeaus.«

Der Kapitän legte die Hände ans Steuerrad, ohne es zu bewegen, und stellte fest, dass das Schiff langsam und majestätisch den Hafen verließ und aufs offene Meer fuhr. In dem Moment wurde ihm klar, dass er der größte Kapitän war, der je ein Schiff geführt hatte.

VIII

NACH EINIGEN MINUTEN JEDOCH wurde dem Kapitän langweilig.

Allein auf der Brücke zu stehen, war langweilig. Und das Meer vor ihm war langweilig. Es bewegte sich nicht! Der Horizont war bloß der Horizont, und die Sonne war bloß die Sonne, und es waren nicht mal Wolken oder Stürme zum Angucken da. Wo waren die Wale? Er sah keine Wale.

Dann hatte er eine Idee. Er drehte das Steuerrad ein klein wenig nach links, und das ganze Schiff neigte sich nach links, was beängstigend und aufregend zugleich war. Er drehte das Steuerrad nach rechts, und das ganze Schiff mitsamt seinen zahllosen Passagieren und deren Hab und Gut bewegte sich nach rechts. In der Cafeteria, wo die Passagiere zu Mittag aßen, zerbrachen tausend Teller und Gläser. Ein alter Mann wurde von seinem Stuhl geworfen, prallte mit dem Kopf gegen einen anderen Stuhl und starb noch am selben Abend.

Hoch oben fühlte sich der Kapitän beschwingt durch das packende Drama, das er durch seine überraschenden Steuermanöver ausgelöst hatte. Zum ersten Mal spürte er die Kraft des gewaltigen Schiffs und hatte das Gefühl, dass es ihm gelungen war, aus einer ansonsten enttäuschenden Erfahrung – nämlich die, mehr oder weniger allein auf der abgeschotteten und sicheren Brücke eines Schiffs zu stehen – ein fesselndes Erlebnis zu machen. Er war so voller Energie und Inspiration, dass er beschloss, die Fotos von allen früheren Kapitänen der *Glory* zu verunstalten.

An der hinteren Wand der Brücke hingen würdevolle Fotos von sämtlichen Vorgängern des Kapitäns, und seit er das Ruder übernommen hatte, waren dem Kapitän diese Porträts ein Dorn im Auge, weil es so viele waren und keins von ihm dabei war. Daher nahm er einen Wegwischstift und verpasste den anderen Kapitänen Hörner und Warzen und Zahnlücken. Dabei fing er mit den Kapitänen an, die das Schiff gebaut hatten, die alle tot waren und von denen nur wenige für ihn gestimmt hatten. Tatsächlich, so wurde ihm klar, gerade *weil* sie alle tot waren, hatte *keiner* der vorherigen Kapitäne für ihn gestimmt, worauf der Kapitän eine kolossale Wut in sich aufbrausen spürte, die er prompt in noch kreativere Verunstaltungen der Porträts kanalisierte. Er arbeitete sich von den allerersten Kapitänen zu denen der jüngsten Vergangenheit vor, und als er zu einem bestimmten Porträt gelangte, verharrte er.

Dieses Gesicht, das des Kapitäns, der als der Admiral

bekannt war, löste große Bestürzung bei ihm aus. Der Admiral galt bei allen als Kriegsheld und als Inbegriff des hingebungsvollen Einsatzes für die *Glory* und vieler anderer unerträglicher Schwachsinnssachen, die dem Kapitän schon immer auf die Nerven gegangen waren.

Angefangen hatte es während der schrecklichen Schlacht, vor der sich der Kapitän gedrückt hatte, indem er sich im Bauch des Schiffs versteckte und Pornohefte las. Der Admiral – damals ein junger Mann, gerade mal Fähnrich – hatte im Krieg tapfer gekämpft und war von einem furchtbaren Piraten, genannt »der Helle«, gefangen genommen und gefoltert worden. Als der Krieg mit dem Hellen endete und der Admiral auf die *Glory* zurückkehrte, überschütteten die Passagiere ihn mit Lob und nannten ihn ehrenhaft und mutig, und jedes Mal, wenn sie so etwas sagten, spürte der Kapitän wogende Wellen aus Neid und Hass, weil er es einfach ungerecht fand, dass jemand, bloß weil er tapfer in einem Krieg gekämpft hatte und gefangen genommen und über Jahre hinweg gefoltert worden war, ohne irgendwelche Informationen preiszugeben oder seine Kameraden zu verraten, als Held bezeichnet wurde. Und war der Kapitän nicht auch tapfer gewesen, als er sich im Bauch des Schiffs versteckt und Pornohefte gelesen hatte? Er hätte erwischt werden können! Er hätte wegen Fahnenflucht und Feigheit vor Gericht gestellt werden können! Und doch hatte er sich weiter mutig versteckt und beim Anblick von nackten Frauen auf Glanzpapier regelmäßig masturbiert.

Der Kapitän nahm nicht nur einen Wegwischstift, sondern einen Permanentmarker, einen dicken, der übel roch, und malte wie wild auf dem Porträt des Admirals herum. Er malte ihm schiefe Zähne und unansehnliche Narben und ein Doppelkinn, dann ein Dreifachkinn, und als er fertig war, war er so zufrieden mit dem, was er an dem Tag alles bewerkstelligt hatte, dass er nach unten zur Wegwischtafel ging und alles aufschrieb, was ihm als Erstes in den Sinn kam.

CHEESEBURGER SIND DIE BESTEN!

*

ETWA DIE HÄLFTE DER LEUTE AN BORD = ARSCHLÖCHER

*

WENN IHR NICHT FÜR MICH GESTIMMT HABT, WERDET IHR VIELLEICHT GEKILLT.

*

EINEN KRÄFTIGEN APPLAUS FÜR DIE FEUERWEHRMÄNNER. DAS SIND DIE WAHREN HÄLDEN. ICH BIN AUCH EIN FEUERWEHRMANN.

Noch immer von manischer Energie angetrieben, rannte der Kapitän zurück auf die Brücke und bat seine Tochter, eine Party für ihn auszurichten. Alle auf dem Schiff sollten eingeladen werden, sofern sie als Hühner verkleidet waren und Schilder mit Lobeshymnen auf ihn trugen. Seine Tochter organisierte das Event, das in der ehemaligen Bibliothek stattfand, die von der Bürde ihrer Bücher befreit worden war und jetzt Platz für viel mehr Leute in Vogelkostümen hatte.

Hunderte von Eitlen Gockeln kamen, und der Kapitän trat vor seine Gefolgsleute und sagte so Sachen, wie er auf die Wegwischtafel geschrieben hatte. Er sprach eine Zeit lang über seinen Penis und über die relative Schlaffheit der toten Kapitäne vor ihm. Er erzählte den Leuten mehr über die Feinde im Maschinenraum und die Rektalblutungsspinnen, und dann erklärte er, jede Medizin verursache Impotenz oder Autismus – und deshalb, so teilte er mit, würden alle Krankenstationen an Bord schon bald geschlossen. Und dann, einer spontanen Eingebung folgend, verkündete er, dass von nun an Steuerbord Backbord wäre und Backbord Steuerbord und alle Übergewichtigen außer ihm als Feinde des Schiffs gelten würden. Die Menge jubelte, weil das ein klarer Beweis dafür war, dass wirklich alles umgekrempelt wurde, und selbst die übergewichtigen Angehörigen des Eitle-Gockel-Chors jubelten, nur ein klein bisschen weniger enthusiastisch.

In der zweiten und dritten Stunde der Veranstaltung beschwerte sich der Kapitän über Leute, die seine Gefühle verletzt hatten, weil sie ihn als Kind nicht gelobt hatten, und über solche, die seine Gefühle verletzt hatten, weil sie ihn in den letzten Tagen nicht gelobt hatten, und er beschimpfte den Admiral, der mehr als alle anderen seine Gefühle verletzt hatte, weil er tot war und ihn nicht gelobt hatte und durch seine eigenen mutigen

Taten hatte durchblicken lassen, dass der Kapitän nicht tapfer war. Aus einer weiteren spontanen Eingebung sagte er den Eitlen Gockeln, sie sollten auf alle Fotos von dem Admiral urinieren, die ihnen unterkamen. Die Eitlen Gockel hatten den Admiral jahrzehntelang für einen guten Mann und einen Ausbund an Integrität gehalten, doch jetzt, wo der Kapitän das vorschlug, gefiel auch ihnen die Idee, auf das Gesicht von dem arroganten Wichtigtuer mit all seinen guten Taten und Orden zu urinieren. Der Admiral hatte Bücher gelesen und die Wahrheit gesagt und war monogam gewesen und hatte einfühlsame Kinder, und all das machte ihn dermaßen überheblich und selbstgefällig, dass, wenn man mal richtig darüber nachdachte, die Eitlen Gockel ihn und all die hochtrabenden elitären Ideale, für die er stand, schon immer gehasst hatten.

Und so urinierten sie alle auf die Fotos des Admirals und urinierten auch aufeinander, weil der Kapitän, als er zusah, wie sie auf Fotos des Admirals urinierten, dachte, es wäre doch lustig, wenn all die Hühner-Leute sich gegenseitig anpinkelten. Also taten sie es, und als sie mit verklebten Federn und dem Urin der anderen bedeckt waren, hatten die Eitlen Gockel das Gefühl, dass alles wirklich gut lief und es wirklich aufwärtsging. Der Kapitän sagte ihnen, sie sollten gackern, und sie gackerten. Als sie nicht laut genug gackerten, sagte er, sie sollten sich ins Knie ficken, und sie setzten alles daran, sich ins Knie zu ficken. Manchmal lachten sie mit ihm, und manchmal lachten sie über ihn, und im Großen und Ganzen machte es ihnen einen Riesenspaß, dabei zuzusehen, wie ein Irrer ungefiltert seine Meinung zum Besten gab. Sie lachten vor sich hin und waren überaus zufrieden damit, dass sie mit ihrer Stimme die lächerlichste Person, die sie kannten, auf den mächtigsten Posten an Bord gehievt hatten, und sie hofften insgeheim, dass er sie nicht alle irgendwie umbringen würde.

Als der Kapitän sich später zur Nachtruhe unter sein Bett legte, war er überaus zufrieden, aber auch erschöpft von dem ganzen Lob und Applaus, den er geerntet hatte. Seine Augen waren müde von den vielen Frauen, die er mit den Augen ausgezogen hatte, seine Muskeln schmerzten, weil er den ganzen Tag das Steuerrad nach links und rechts gedreht und dadurch Dutzende verstümmelt und das Leben von drei Erwachsenen und einem Kind beendet hatte.

»Pst«, sagt die Stimme im Lüftungsschacht. Als er die Stimme hörte, ging dem Kapitän das Herz auf, und sein Verstand machte sich bereit für neue stimulierende Ideen.

»Sie haben was vergessen«, sagte die Stimme.

Dem Kapitän gefror das Blut in den Adern. Die Stimme klang zornig. Der Kapitän wusste die Stimme im Lüftungsschacht sehr zu schätzen und konnte sich seine Nächte nicht mehr ohne die verhaltene Stimme vorstellen, die ihm half einzuschlafen, indem sie ihm von den unzähligen Bedrohungen außerhalb seines Bettes erzählte.

»Was haben Sie vergessen?«, fragte die Stimme.

Quizfragen hatten den Kapitän schon immer überfordert. »Geben Sie mir einen Tipp?«, fragte er und hoffte inständig, die Stimme würde ihm einfach sagen, was er vergessen hatte.

»Es hat mit Gewissen Leuten zu tun«, sagte die Stimme.

Der Kapitän überlegte angestrengt und nahm seine Denkermiene an, indem er die Lippen spitzte, kam aber nicht auf die Antwort.

»Es hat mit Relings zu tun«, sagte die Stimme.

Der Kapitän war still und hungrig, schmachtete nach einem von Teenagerinnen zubereiteten und in Papier eingewickelten Cheeseburger.

IX

SO LANGE MAN ZURÜCKDENKEN KONNTE, waren neue Passagiere auf dem Schiff willkommen gewesen, teils aus Wohlwollen und teils aus Notwendigkeit. Die Bewohner des Schiffs waren im Allgemeinen großzügige Menschen, die gerne bereit waren, aus dem schäumenden Meer alle an Bord zu holen, die sich in Seenot befanden und zu verhungern drohten und vor Piraterie und Armut flohen. Es war ein grundlegendes Element sämtlicher Glaubensrichtungen an Bord, die ausnahmslos Achtung vor Fremden hatten und dem Mitgefühl für die Schwachen große Bedeutung beimaßen. Somit war die Aufnahme der Unterdrückten ein wichtiger Bestandteil des Selbstbildes, das die Passagiere von sich hatten. Sie sahen sich nämlich als ein Schiff des Mitgefühls und der Chancen, wobei das mit den Chancen für beide Seiten galt. Das Schiff nahm diese neuen Passagiere auf, weil diese neuen Passagiere bereit waren, die Jobs zu machen, die niemand

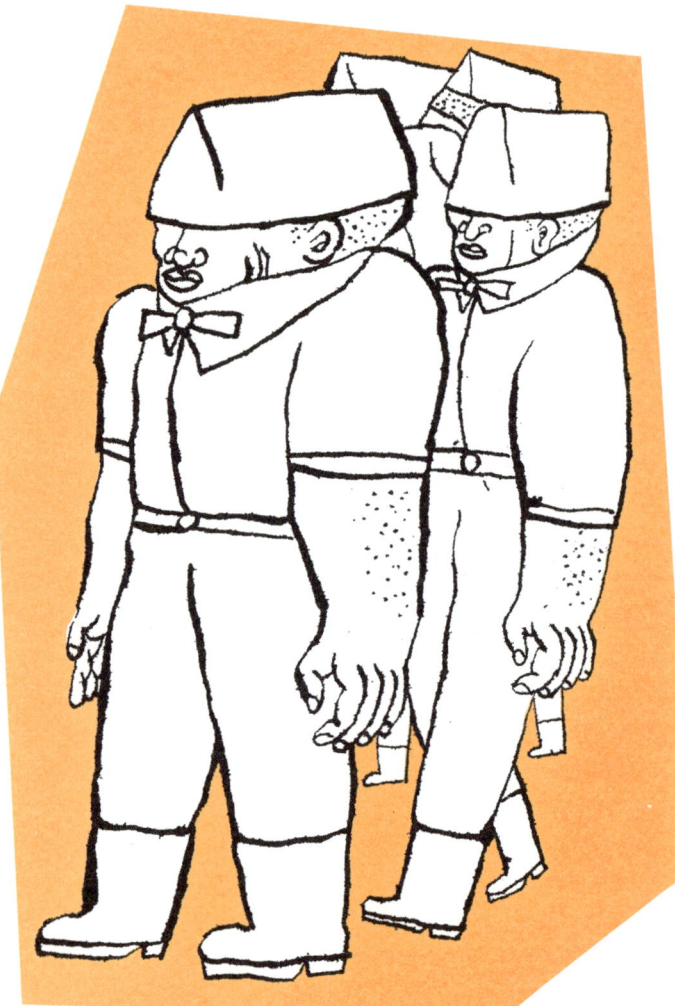

sonst übernahm, und dreimal härter zu arbeiten, als alle anderen wollten oder konnten. Die neuen Passagiere waren froh, in Sicherheit und unter neuen Freunden zu sein und sich ihren Unterhalt verdienen zu können, und so leerten sie die Bilge und gossen die Pflanzen und machten die Betten und kochten das Essen und schrubbten die Decks und machten den Abwasch und erledigten zig Dinge, die für alle sichtbar und notwendig waren. Weil auf dem Schiff manchmal Leute starben, musste das Schiff seine Population auffüllen, damit das Ganze lebens- und funktionsfähig blieb. Sie brauchten frisches Blut. Und so hatte das System seit der Erbauung des Schiffs vor langer Zeit funktioniert: Neue Leute kamen, sie wurden freundlich aufgenommen und bereicherten die vielschichtige Kultur, und sie trugen dazu bei, dass alles an Bord stets wuchs und gedieh und sich vermehrte.

»Jedenfalls«, sagte die Stimme im Lüftungsschacht. »Niemand von Wert ist von woanders oder ist je von woanders gewesen. Die wichtigsten Passagiere des Schiffs sind Sie und Ihre Tochter und die Puppe Ihrer Tochter und auch Polizisten und Soldaten und Pornomodels und Ihre Anwälte. Das war's auch schon so ziemlich, und alle anderen können sich ins Knie ficken.«

»Ich hab's gewusst!«, sagte der Kapitän.

»Außerdem«, sagte die Stimme, »ist auf dem Schiff kein Platz mehr für irgendwelche neuen Leute. Wir sind voll.«

Wie so vieles, was die Stimme im Lüftungsschacht sagte, fand der Kapitän diese Informationen absolut einleuchtend, brachten sie doch so viele unvereinbare und lose Gedanken, die dem Kapitän seit Langem im Schädel herumgeisterten, in eine logische Ordnung. Interessanterweise stand das, was die Stimme zuletzt gesagt hatte, nämlich dass das Schiff voll sei, im Widerspruch zu dem, was der Kapitän mit eigenen Augen gesehen hatte. Just an diesem Tag hatte der Kapitän auf dem Weg zu der Jubelversammlung und wieder zurück Hunderte leere Räume gesehen, und erst kürzlich hatte er auf einem Blatt Papier, das ihm irgendwer gegeben hatte, Zahlen gesehen, die bestätigten, dass die *Glory* Hunderte leere Räume und viele unbesetzte Jobs hatte. Es war also faktisch nicht korrekt, dass das Schiff voll war.

Andererseits, so begriff der Kapitän, *könnte* das Schiff aber voll sein, denn nichts, was wahr schien, war jemals wirklich wahr, wo doch alle Wahrheiten elitäre Lügen waren, die von Leuten verbreitet wurden, die den Kapitän nicht leiden konnten. Und die Stimme im Lüftungsschacht hatte etwas an sich, etwas Piepsiges und Unsichtbares und voller Misstrauen und Groll, das grundsätzlich vertrauenswürdiger war als jedes Dokument, das dem Kapitän ausgehändigt wurde oder das er mit eigenen Augen zu sehen bekam.

Am nächsten Morgen versammelten sich die Passagiere in der Cafeteria zum Frühstück. Die ersten lasen und verdauten die neusten Mitteilungen des Kapitäns an der Wegwischtafel:

P-NES LETZTE NACHT GECHECKT:
NOCH IMMER TADELLOS

*

SPINNEN MIT REKTIMBLUTUNG:
NOCH IMMER SEHR SCHLECHT!

*

ICH »HÖRE«, SWIMMINGPOOL IST MIT SÄURE
UND EBOLA VERSEUCHT.

*

ANSONSTEN JETZT ALLES BESSER –
GÄRN GESCHEHEN!!

Die Passagiere nahmen inzwischen alles, was der Kapitän auf die Tafel schrieb, abgestumpft hin, und sie dachten über diese Mitteilungen genauso viel nach wie über eine vorbeiziehende Wolke. Ihre Gedanken waren beim Frühstück. Es war Dienstag, und dienstags überraschte der Koch die Passagiere normalerweise mit einem neuen Gericht. An diesem Morgen kredenzte er ihnen eine neue Art von Omelett mit Eiern und Lamm und Gemüse und Kreuzkümmel, und der köstliche Duft erfüllte den Raum und besänftigte die Passagiere, die von den jähen Steuermanövern am Vortag noch immer ein wenig mitgenommen waren.

Während sie entspannt ihre Omeletts verspeisten und Kaffee oder Tee tranken, voller Dankbarkeit, weil sie so einen begabten Koch hatten, flogen die Türen zur Küche auf. Zwei weiß gekleidete Sicherheitsmänner stießen den

Koch grob vor sich her durch die Korridore und zum Heck des Schiffs. »Was hab ich denn getan?«, fragte der Koch. »Wo wollen Sie mit mir hin?«

Die Passagiere kannten die Männer in Weiß. Sie waren schon immer dafür zuständig gewesen, dass auf dem Schiff alles ordnungsgemäß zuging, und hatten dafür gesorgt, dass verlorene Portemonnaies zurückgegeben, Liegestühle zusammengeklappt und betrunkene oder randalierende Passagiere zur Ausnüchterung in ihre Kabinen gebracht wurden. Weil diese Männer Weiß trugen und als harmlos und fröhlich galten, nannte man sie scherzhaft »die Schneemänner«.

Aber noch nie hatten die Passagiere mit angesehen, dass die Schneemänner so etwas taten: einen Mitpassagier an seinem Arbeitsplatz packen und ihn vor aller Augen durch das Schiff zur Heckreling führen. Doch genau das hatten sie soeben getan.

Als die Passagiere aufs Deck eilten, sahen sie, wie die Schneemänner den Koch an den Knöcheln über die Seite des Schiffs hielten. Für die Passagiere war das verwirrend: Der Mann hatte ihnen gerade ein vorzügliches Frühstück zubereitet, und jetzt baumelte er über dem Abgrund. Die Frau des Kochs und seine drei Kinder liefen zu den Schneemännern und warfen sich auf sie, flehten sie an, ihn nicht loszulassen. Die Schneemänner achteten nicht auf sie und ließen den Koch, dessen Name Angel war, in die Fluten fallen.

Die Passagiere beugten sich über die Reling und beobachteten, wie Angel in dem weißen wirbelnden Kielwasser des riesigen Schiffs strampelte. Sein Kopf wippte noch eine Weile über der Oberfläche, tauchte auf und verschwand wieder, bis ihm das Meerwasser in die Lunge drang. Dann verlor er das Bewusstsein und gab den Kampf auf. Als er auf den Grund des Meeres sank, weinte seine Frau jämmerlich, und seine jetzt vaterlosen Kinder schrien ihren grenzenlosen Kummer hinaus.

Während das Schiff weiterfuhr und eine breite Schneise durch das schwarz glänzende Meer pflügte, klatschten einige Passagiere Beifall, doch die meisten taten nichts.

X

DER KAPITÄN war an dem Abend in seiner Kabine, sah fern und aß einen Cheeseburger. Für ihn gab es nichts Schöneres, als unterm Bett zu hocken, Cheeseburger zu essen und fernzusehen. Dafür hatte er den Apparat auf den Boden gestellt und so gedreht, dass er bequem gucken konnte.

In den Nachrichten sah der Kapitän einen Beitrag über den Vorfall mit dem Koch, den die Schneemänner über Bord geworfen hatten. Der Kapitän wusste nicht recht, wie er das finden sollte. Ihm gefiel, dass die Schneemänner in ihren sauberen weißen Uniformen sehr stark aussahen, wie sie den Mann über die Reling hievten. Der Koch war mit einem großen Platsch im Ozean gelandet, und auch das gefiel dem Kapitän. Ihm gefiel, dass ein paar von den Passagieren, die dabeistanden, Beifall klatschten.

Aber dann sah er die Mutter und die Kinder verzwei-

felt weinen, und er war sich nicht sicher, was für Gefühle das bei ihm auslöste. Er hielt den Cheeseburger in der Hand und versuchte, seine Gefühle zu ergründen, konnte aber nicht die richtigen Worte dafür finden.

»Pst!«, sagte eine Stimme. Es war die Stimme im Lüftungsschacht.

Der Kapitän freute sich ungemein, die Stimme im Lüftungsschacht zu hören, denn das lenkte ihn von den verstörenden Bildern ab, die er soeben im Fernsehen gesehen hatte. Der Kapitän legte ein Ohr an das Lüftungsgitter und lauschte aufmerksam, während er weiter seinen Cheeseburger aß.

Am nächsten Morgen beim Aufwachen fühlte der Kapitän sich sehr erquickt und war der Stimme im Lüftungsschacht überaus dankbar, weil sie ihm in der Nacht zuvor viele Dinge klargemacht hatte.

Erstens, so hatte die Stimme erklärt, konnte das Unbehagen, das der Kapitän wegen der weinenden Ehefrau und der Kinder empfunden hatte, dadurch behoben werden, dass er auch sie über Bord werfen ließ. Daraufhin hatte der Kapitän unverzüglich die Schneemänner gerufen und die Ehefrau und die Kinder mitten in der Nacht wecken und ins Kielwasser des Schiffs werfen lassen, damit sie ertranken. Zu wissen, dass er ihre Schreie nie wieder würde hören müssen, war für den Kapitän ein großer Trost und half ihm beim Einschlafen.

Zweitens, so hatte die Stimme im Lüftungsschacht erklärt, sollten die Schneemänner auch weiterhin Gewisse

Leute über Bord werfen, ein oder zwei am Tag, denn das würde den Passagieren das Gefühl geben, dass nach wie vor alles umgekrempelt und kräftig angepackt wurde. Gewisse Leute ins Meer zu werfen, dem konnte der Kapitän nur beipflichten, hieß durchaus, dass kräftig angepackt wurde.

Zu guter Letzt hatte die Stimme im Lüftungsschacht den Kapitän vor der ernsten Gefahr gewarnt, dass diejenigen, die Mitgefühl mit dem Koch und dessen Familie hatten, wütend auf den Kapitän werden könnten. Deshalb sei es dringend erforderlich, die Sicherheitsmaßnahmen um die Brücke herum zu verstärken. Das hätte den zusätzlichen Vorteil, so hatte die Stimme im Lüftungsschacht erläutert, dass die Schlangen mit Speiseröhrenkrebs – höchst ansteckend – ferngehalten würden, denn die hatten die Rektalblutungsspinnen als bedeutendste Tier-Krankheit-Kombination an Bord der *Glory* verdrängt.

Daher wies der Kapitän am nächsten Morgen Arbeiter an, die Brücke mit kugelsicherem Glas zu versehen und mit Türen und Schlössern zu befestigen, wie sie im Schiffsgefängnis benutzt wurden. Am Abend waren die Männer fertig und hatten gute Arbeit geleistet. Doch sowohl ihr Aussehen als auch ihr Geruch – sie waren nämlich dunkelhäutig und hatten den ganzen Tag schwer geschuftet – erinnerten den Kapitän zu sehr an den Koch und andere Gewisse Leute, daher rief er die Schneemänner und ließ die Arbeiter ebenfalls über Bord werfen.

XI

AN BORD DES SCHIFFS kehrte eine gewisse Routine ein. Morgens lasen die Passagiere die Mitteilungen des Kapitäns über Spinnen, seinen Penis und die Feinde im Maschinenraum, und danach versuchten sie, ihrem Tagwerk nachzugehen. Manchmal wurde dem Kapitän gegen Mittag langweilig, und er steuerte das Schiff scharf nach links und scharf nach rechts. Dann schlingerten sämtliche Gegenstände und Menschen, die nicht gesichert waren, durchs Schiff, Knochen gingen zu Bruch und Glas zersplitterte an Wänden und auf Fußböden. Manchmal verkündete er per Lautsprecherdurchsage, dass er vielleicht einen Krieg mit einem anderen Schiff anfangen würde, und teilte dann einige Stunden später allen Passagieren auf der *Glory* mit, dass er es sich anders überlegt oder einen Witz gemacht oder nichts dergleichen je gesagt hatte.

Nachmittags und abends jagten die Schneemänner

ihre jeweilige Beute des Tages. Normalerweise wehrten ihre Opfer sich laut und heftig, wenn sie zur Reling geschafft wurden, aber das Ergebnis war immer gleich: Die Gewisse Person wurde von Bord in die tosende See geworfen. Die Betroffenen waren Mütter, Väter, Lehrer, Krankenschwestern, Schreiner, Barkeeper, Floristen, Zimmermädchen, Wissenschaftler und Köche. Sie kämpften kurz ums Überleben, bevor ihre Lunge sich mit Meerwasser füllte, sodass sie keine Luft mehr bekamen, das Bewusstsein verloren und auf den Grund des Ozeans sanken.

Kurz nach dem Abendessen, wenn die Sonne höchst dramatisch unterging, warf der Kapitän jedes orange eingebundene Hand- oder Fachbuch, das er an dem Tag gefunden hatte, ins Meer. Die Handbücher und die Besatzungsmitglieder aus der Zeit, bevor der Kapitän die Schiffsführung übernommen hatte, waren gnadenlos hartnäckig. Jeden Tag wurde er von einem dieser Besatzungsmitglieder, darunter viele Frauen-die-keinen-Badeanzug-trugen, angesprochen, und sie sagten, er tue Dinge, die gegen die Regeln des Schiffs verstießen, und stets hatten sie einen dicken orangen Ordner voll mit Vorschriften und Regeln bei sich – ähnlich wie das Handbuch, das seine Tochter in der ersten Zeit gefunden hatte. Jedes Mal musste er die Schneemänner rufen, und die Schneemänner mussten als Erstes das Besatzungsmitglied von dem orangen Handbuch trennen und dann das Besatzungsmitglied vom Schiff trennen und letztlich den ewigen Geist des Besatzungsmitglieds von seiner körperlichen Gestalt trennen. Dann warf der Kapitän auch den orangen Ordner über Bord, der aber nicht unterging wie erhofft, sondern stattdessen auf den Wellen schwamm und im weißen Kielwasser der *Glory* außer Sicht trieb.

In den frühen Morgenstunden klopften die Schneemänner häufig an die Türen von Gewissen Leuten und an die Türen von den Freunden Gewisser Leute. Sie hämmerten gegen die Kabinentüren und sagten ihnen, sie sollten aufpassen, sich in Acht nehmen, sie wären als Nächste dran und sollten bis dahin gut schlafen. Viele von den Gewissen Leuten schliefen aber nicht gut und beschlossen, ihr Leben zu beenden, bevor sie ins Meer geworfen wurden. Deshalb verbrannten sie sich selbst, nahmen Überdosen Opioide oder sprangen in den stillen Nachtstunden über Bord. Es war eine Zeit des Schreckens und des Sadismus, wie sie die Passagiere der *Glory* nie zuvor erlebt hatten, und für den Kapitän und seine Clique war sie der Beweis dafür, dass sie auf dem richtigen Weg waren.

Und was machten diejenigen, die gegen den Kapitän waren, währenddessen? Kurz nach der Wahl des Kapitäns reagierten sie ganz unterschiedlich. Einige dachten sich einfach, dass alle Kapitäne Fehler hatten – dass alle Kapitäne sich irgendwie ähnelten, dass sie auf der Brücke standen und steuerten und mitunter in Skandale und Kontroversen verwickelt waren und regelmäßig außereheliche Affären mit Pornodarstellerinnen hatten, während ihre Frauen sich um die Kinder kümmerten, dass sie es vorzogen, keine Steuern zu zahlen, und von Zeit zu Zeit Leute, die in gescheiterte Unternehmen investiert hatten, um ihr Geld betrogen und weite Teile der Bevölkerung schlechtmachten und zur Gewalt gegen Gewisse Leute anstachelten und viele Leben auf grauenvolle Weise beendeten und befreundeten Schiffen drohten und feindliche Schiffe bewunderten und bekannte Verbrecher und Soziopathen in Machtpositionen beriefen und dass es da unterm Strich keine großen Unterschiede gab und dass nichts davon besonders wichtig war angesichts ihres eigenen komplizierten Lebens, das auch voller Schwächen und Widersprüche war, wenn auch nicht voller Pornodarstellerinnen.

Dann gab es andere, die zutiefst erschüttert waren von dem Gedanken, dass das noble Schiff *Glory* mit seiner hehren Geschichte, seinen hohen Idealen und intellektuellen Leistungen einen niederträchtigen Scharlatan zum Kapitän gewählt hatte. Diese Passagiere, die man als Idealisten oder wenigstens als Optimisten bezeichnen könnte, sahen gemeinhin das Beste in ihren Mitpassagieren und waren dermaßen entsetzt und enttäuscht von den Eitlen Gockeln, dass sie sich noch viele Wochen nach der Wahl des Kapitäns in einem Schockzustand befanden. Der Anblick, wie ihre Nachbarn und Freunde und sogar Verwandten in Hühnerkostümen jubelten, wenn der Kapitän jede Regel und jede großherzige Idee, die je auf der *Glory* ersonnen worden war, zunichtemachte, ganz zu schweigen vom Beifall der Eitlen Gockel beim rituellen Ertränken von anderen Menschen an Bord, war für sie so schmerzhaft, dass sie es kaum aus dem Bett schafften.

Und schließlich gab es diejenigen Passagiere, die beschlossen, den Kapitän und die Upskirt-Jungs zu bekämpfen, und das taten sie bei jeder sich bietenden Gelegenheit. Sie nannten sich die Freundlichen Meuterer, denn sie waren entschlossen, sich nicht auf das schändliche Niveau des Kapitäns und der Schneemänner und der Eitlen Gockel herabzulassen. Stattdessen rebellierten sie höflich, mit ordnungsgemäß ausgefüllten Beschwerdeformularen und scharf formulierten Memos. Als diese Formulare und Memos nichts bewirkten – der Kapitän ließ sie jeden Abend von den Schneemännern auf einem Scheiterhaufen verbrennen, um den die gefiederten Eitlen Gockel herumtanzten –, reichten sie einstweilige Verfügungen ein und verabschiedeten Resolutionen. Als diese einstweiligen Verfügungen und Resolutionen nichts bewirkten, konsultierten sie die wenigen noch verbliebenen Schiffshandbücher, in denen die Gesetze und Vorschriften des Schiffs festgehalten waren, und überprüften, ob der Kapitän gegen irgendwelche von ihnen verstoßen hatte. Im Nu erkannten sie, dass der Kapitän gegen Aberhunderte dieser Gesetze und Vorschriften verstoßen hatte – genau genommen hatte er mit erstaunlicher Schnelle und Gründlichkeit gegen nahezu alle verstoßen.

Doch nachdem sie das erkannt hatten, waren die Freundlichen Meuterer unsicher, wie sie weiter vorgehen sollten. Es wäre sehr drastisch, den Kapitän abzusetzen, und der Versuch, ihn abzusetzen, barg natürlich das Risiko zu scheitern, zumal er viele als Vögel verkleidete Anhänger hatte. Immerhin hatten diese als Vögel verkleideten Passagiere ihn zum Kapitän gewählt, dachten die Freundlichen Meuterer, und vielleicht war es ja nicht richtig, den von den Vogel-Leuten gewählten Kapitän abzusetzen, nur weil er jede Vorschrift des Schiffs verletzt und den Mord an über hundertzweiundzwanzig Menschen durch Ertränken beauftragt hatte, von denen viele ins Meer geworfen worden waren, während die Eitlen Gockel solche Sprüche skandierten wie »Brauner Dreck muss weg!« und »Braune Gören stören«.

Das war inzwischen ihr Ding. Die Eitlen Gockel hatten gemerkt, dass Skandieren ihnen großen Spaß machte, und sie skandierten alles, was der Kapitän ihnen zum Skandieren vorschlug, und sie dachten sich auch gern eigene Sprechgesänge aus, wie zum Beispiel »Brauner Dreck muss weg!«, den sie immer dann zum Besten gaben, wenn Gewisse Leute – deren Haut in Richtung Braun tendierte – über Bord geworfen wurden. Wenn sie sahen, dass die Schneemänner eine Gewisse Person aus der Kabine oder vom Arbeitsplatz oder aus der Krankenstation holten, versammelten sich die Eitlen Gockel am Heck und schauten zu, wie die Schneemänner den Menschen an Armen und Beinen hin und her schwangen, ehe sie ihn über die Reling schleuderten. Dabei skandierten die Eitlen Gockel dann die ganze Zeit »Brauner Dreck muss weg!«, wenn die Gewisse Person braun war, und »Braune Gören stören«, wenn die braune Person noch dazu ein Kind war. Und wenn die Person in den Ozean gestürzt und auf den Meeresgrund gesunken war und nie wieder denken oder sehen oder lieben würde, gingen die Eitlen Gockel zurück in ihre Kabinen und sahen fern.

Die Freundlichen Meuterer konnten sich nicht erklären, was mit ihren Schiffskameraden passiert war. Entweder waren die Eitlen Gockel, mit denen sie jahrelang friedlich auf der *Glory* gelebt hatten – bevor sie sich diesen neuen Namen verpasst hatten –, schon immer insgeheim blutrünstig gewesen und hatten nur auf die Gelegenheit gewartet, andere sterben zu sehen, oder irgendetwas an dem Kapitän hatte ein scharlachrot glühendes Fieber ausgelöst, hatte ein ansteckendes Virus aus einem langen Schlaf geweckt, das Gemeinheit und gleichgültige Grausamkeit auslöste. Die Freundlichen Meuterer klammerten sich an die schwache Hoffnung, dass ihre Mitpassagiere tatsächlich von einem Fieber befallen waren, das wie jedes Fieber irgendwann abklingen würde.

Unterdessen jedoch dachten die Freundlichen Meuterer angestrengt darüber nach, wie sie das Leben der restlichen Gewissen Leute und vielleicht die Seele der *Glory* retten könnten. Sie beschlossen, eine Brieftaube über den Ozean zu der einzigen Person zu schicken, die wusste, was in einer solchen Situation zu tun war. Sie baten den Sheriff der Meere, ihnen zu Hilfe zu kommen.

Der Sheriff der Meere war eine ziemliche Legende und eine Art Mythos. Er war ein unanfechtbarer Gesetzeshüter, der immer dann bemüht werden konnte, wenn

Recht gesprochen werden musste und wenn die Unterdrückten jede andere Option ausgeschöpft und schon fast die Hoffnung aufgegeben hatten. Die Sache mit dem Sheriff der Meere hatte nur einen Haken: Er war stumm oder stellte sich stumm, um seinen geheimnisvollen Nimbus zu verstärken. Wenn er also Recht sprach, geschah das in Form von mehrseitigen Zusammenfassungen von Fehlverhalten, die auf gründlichen Recherchen beruhten und sorgfältig formuliert waren. Das machte es jedoch erforderlich, dass die zuständigen Personen vor Ort die Zusammenfassungen lasen und sie dann auf ihre Weise nutzten, um Gerechtigkeit auszuüben. Es war bekannt, dass der Sheriff seine Recherchen und Ermittlungen im Stillen durchführte und zwischendurch keinerlei Informationen oder Hinweise gab, was seine Aura nur noch verstärkte und denjenigen Angst einjagte, die Gegenstand seiner Untersuchung waren.

Einige Wochen nachdem die Taube losgeflogen war, erfuhren die Freundlichen Meuterer über eine andere Brieftaube – lange Geschichte –, dass der Sheriff der Meere kommen würde. Die Freundlichen Meuterer jubelten, und sie schickten eine weitere Brieftaube – sehr lange Geschichte, sorry – zurück zu dem Sheriff mit dem dringenden Rat, im Schutze der Nacht einzutreffen, weil der Kapitän ihm andernfalls von seinen Schneemännern üble Dinge oder sogar noch Schlimmeres antun lassen würde.

Eines Nachts, als grauer Nebel den Horizont verhüllt hatte, erfuhren die Freundlichen Meuterer, dass der Sheriff bereits an Bord war. Irgendwie hatte er es im Nebel geschafft, sich zur *Glory* bringen zu lassen, an Bord zu gehen und ein Büro an einem Ort einzurichten, den er nicht einmal den Meuterern verriet. Er war groß und hager, und sein Gang – nach vorn gebeugt, das Kinn auf die Brust gedrückt – erweckte den Eindruck, als würde er sich immerzu einem starken Wind entgegenstemmen. Und er war, der Legende entsprechend, stumm. Er sagte nichts zu ihnen, schüttelte ihnen bloß die Hand, hörte sich ihre Sorgen an und verschwand wieder im Nebel.

Nach vielen Wochen harter Arbeit überreichte der Sheriff der Meere den Freundlichen Meuterern seine Ergebnisse in einem tausendseitigen Band. Das Manuskript war gewissenhaft und detailliert und unwiderlegbar, und obwohl es anspruchsvoll war, hatte der Sheriff auf jeder zweiten Seite in einer einfachen Sprache, einer Sprache, die alle Kinder und viele leblosen Objekte verstehen konnten, die himmelschreienden Verbrechen dokumentiert, die der Kapitän begangen hatte. Diese Verbrechen waren zahlreich und schwerwiegend, und der Sheriff war sich ganz sicher, dass der Kapitän nicht nur seines Kommandos enthoben werden würde, sondern wahrscheinlich den Rest seines Lebens im Gefängnis verbringen müsste. Er übergab den Bericht der Repräsentantin der Freundlichen Meuterer und wollte sich verabschieden.

»Moment noch«, sagte die Repräsentantin. Die Freundlichen Meuterer hatten aus ihren Reihen eine Anführerin gewählt, die als Sprecherin und sogar als eine

Art Schattenkapitänin fungierte. Sie war bekannt als meisterliche Unterhändlerin und ausgezeichnete Taktikerin und hatte sich dadurch den Spitznamen Gewiefte Strategin verdient.

»Bevor Sie gehen«, sagte sie zu dem Sheriff, den Bericht in beiden Händen und im Gesicht einen finsteren Ausdruck, der keinen Zweifel daran ließ, wie schwer sie das Buch fand, »können Sie uns das Wesentliche in Kurzform verraten?«

Der Sheriff sagte nichts, denn er war stumm oder stellte sich stumm (und das verstärkte wirklich seinen geheimnisvollen Nimbus). Er legte einen langen runzeligen Zeigefinger auf den Deckel des Buches, das die Strategin in den Händen hielt, und zog seine buschigen Augenbrauen auf eine Weise hoch, die unmissverständlich darauf hindeutete, dass sich die Antworten auf dessen Seiten befanden.

»Soll das heißen, wir sollen das ganze Buch lesen?«, fragte die Strategin den Sheriff. Der antwortete nicht, sondern tippte stattdessen wieder mit seinem langen runzeligen Zeigefinger auf das Buch und machte wieder das mit den Augenbrauen.

»Soll das heißen, die Antworten befinden sich hier drin?«, fragte sie.

Der Sheriff fand, dass Nicken eine Form von Sprache war, und er hielt sich für stumm oder liebäugelte zumindest damit, deshalb hob und senkte er wieder die Augenbrauen, drehte sich um und ging und ward nie wieder gesehen.

Die Freundlichen Meuterer scharten sich um das Buch, das er ihnen gebracht hatte. Einer von ihnen berührte es und schreckte dann zurück, lutschte an seinen Fingern. Ein anderer hob den Deckel mit einem Stock an, kriegte es aber rasch mit der Angst und verkroch sich unter einen Tisch. Die Freundlichen Meuterer umkreisten den einschüchternden Text stundenlang, machten zittrige Annäherungsversuche, um sogleich wieder hasenfüßig den Rückzug anzutreten. Niemand wollte das Buch aufschlagen. Niemand tat es.

»Ich glaube, wir tun das Richtige«, sagte die Strategin, und so taten sie nichts.

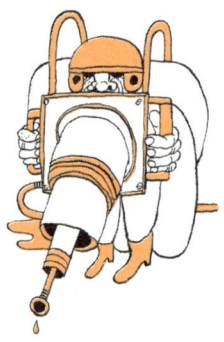

XII

FÜR AVA WAR DAS LEBEN vielleicht verwirrender als für die meisten Passagiere auf der *Glory*. Vor der Wahl des Kapitäns hatte sie den Wert der Tugend gerühmt, aber dann erleben müssen, wie ihre Mitpassagiere, die angeblichen Erwachsenen an Bord, all ihre weltliche Macht einem Mann übertrugen, von dem sie wussten, dass er dumm, sprunghaft, nihilistisch und begriffsstutzig war. Nach der Wahl hatte sie in der Kabine ihrer Familie ein riesiges Huhn vorgefunden. Es war ihr Vater im Kostüm der Eitlen Gockel. »Schatz«, sagte er und streckte ihr seine gefiederten Arme entgegen. »Wir brauchten eine Veränderung.«

Ihre Mutter setzte sich neben ihren Vater und verdrehte die Augen.

»Dein Vater«, sagte sie, »hat im Moment nicht alle Tassen im Schrank. Aber wir können unterschiedlicher Meinung sein und uns trotzdem lieben.«

Ava, die sich verraten und verloren fühlte, nahm fassungslos Reißaus. Sie irrte in einem katatonischen Zustand, der Wochen anhielt, durch das Schiff.

Als sie zurückkam, fand sie ihren Vater auf seinem üblichen Stuhl, doch seine Augen waren eiskalt und leblos.

»Sie haben sie geholt«, sagte er. »Die Schneemänner. Sie war eine Gewisse. Ich hätte es wissen müssen.

Ava schrie. Sie lief schreiend durchs Schiff. Sie schrie, bis sie nicht mehr schreien oder stehen oder atmen konnte, und schließlich kehrte sie zur Tür der Kabine ihrer Familie zurück in dem Wissen, dass ihre Mutter nicht mehr da war und sie nur noch ihren Vater hatte, der aber hoffentlich wieder zur Vernunft gekommen war. Doch als sie die Tür öffnete, saß er noch immer auf dem Stuhl und war noch immer als Huhn verkleidet.

»Gesetze sind Gesetze«, sagte er mit ruhiger, unterkühlter Stimme. Dann redete er lange darüber, was er und seine mutterlose Tochter mit den 1,50 Dollar machen würden, die der Kapitän versprochen hatte. Während er darüber nachdachte, kehrte wieder etwas Leben in seine Augen zurück, aber ein hämmerndes Klopfen an der Tür riss ihn aus seinen Tagträumen.

Drei Schneemänner kamen in den Raum gestürzt, packten Avas Vater grob und stellten ihn auf eine tragbare Waage, die sie mitgebracht hatten. Nach einer Reihe von Zungenschnalzern, in denen sowohl Enttäuschung als auch Schadenfreude lag, sagten die Schneemänner zu Avas Vater, er sei übergewichtig und widerlich, und warfen ihn – mithilfe von drei weiteren Schneemännern – über die Reling.

WAISEN TUN MIR LEID!

… schrieb der Kapitän am nächsten Morgen.

BRINGT EUCH IN »FORM« UND LEBT LÄNGER :)

*

ICH? DAS SCHWERSTE AN MIR IST MEIN P-NES.

Der Kapitän lächelte in sich hinein, nachdem er die Mitteilungen des Tages geschrieben hatte, denn er wusste, dass sein Witz ein großes Vergnügen für seine Anhänger war, die er für eklige Tiere hielt, die fast ausnahmslos übergewichtig waren und von denen wohl die meisten ertränkt werden mussten. Doch bis es so weit war, würde sein respektloser Humor bei den Eitlen Gockeln gut ankommen und den langweiligen Fatzkes, die eine öffentliche Diskussion über seinen Penis peinlich fanden oder bei dem Gedanken an verwaiste Kinder heulen mussten, ordentlich an die Nieren gehen.

Alles in allem amüsierte der Kapitän sich wunderbar, obwohl jeder Tag neue Herausforderungen brachte. Obwohl der Kapitän und die Schneemänner klargemacht hatten, dass für Gewisse Leute auf dem Schiff kein Platz war, versuchten ständig neue Leute von der Gewisse-Leute-Sorte, mit Dingis und Dschunken und Flößen an die *Glory* heranzukommen, und diese Leute mussten abgeschreckt werden. Der Kapitän hielt Kanonenfeuer für eine praktische Lösung, und eine Zeit lang ließ er die Wasserfahrzeuge mitsamt den Menschen auf diese Weise von den Schneemännern vernichten.

Doch schon bald wurde der Kapitän davon in Kenntnis gesetzt, dass Kanonenkugeln sehr kostspielig und knapp waren, weshalb die Schneemänner die zahlreichen Wasserkanonen an Bord als Alternative vorschlugen. Diese Wasserkanonen nahmen Meerwasser auf und schossen es dann mit hundert Meilen pro Stunde auf jeden, der dem Schiff nahe kam. Der Kapitän war begeistert von dieser Idee und bat die Schneemänner, ihm diese Methode an einer offenbar fünfköpfigen Familie vorzuführen, die sich verzweifelt und abgemagert in einem kleinen blechernen Fischerboot näherte. Die Schneemänner feuerten eine Wasserfontäne auf das kleine Boot ab, Tausende Liter, die die Familie schlagartig bis auf die Haut durchnässten und sie mit ihrer Wucht und schieren Masse unsichtbar machten. Die Gestalt, die offenbar der Vater war – schlecht zu erkennen von so hoch oben –, fiel gleich darauf in den Ozean, gefolgt von der Mutter, die ein Baby im Arm hielt. Die zwei übrigen Gestalten, die älter und schwach wirkten, hielten sich noch einige Sekunden länger fest, doch dann kenterte das Blechboot – es wirbelte förmlich herum, und der Kapitän fand es irgendwie schön, wie das Licht auf dem silbrigen Rumpf aufblitzte –, die beiden Insassen wurden links und rechts herausgeschleudert, und das Boot sank, und kurz danach ging die Familie unter. Der Kapitän war beeindruckt. Diese Wasserkanonenmethode war effizient, kostengünstig und noch dazu unterhaltsam für alle, die Spaß daran hatten, aus sicherer Entfernung andere leiden zu sehen. Das ging so weit, dass er schließlich von Leuten fürs Zuschauen Geld kassierte.

Ja, als der Kapitän in das höchste Amt des Schiffs aufstieg, hatten die Upskirt-Jungs das nicht nur für sehr lustig und sogar zum Totlachen und vielleicht surreal gehalten – ganz sicher für die verrückteste Sache, die zu ihren Lebzeiten oder vielleicht in der Geschichte des Schiffs oder der Demokratie passiert war –, sie sahen darin auch eine große Chance, Geld zu machen.

Die Benutzung der öffentlichen Toiletten auf dem Schiff war immer gratis gewesen, aber Ed der Ungewaschene montierte vor jedem Klo und Urinal Drehkreuze und verlangte von den Passagieren gestaffelte Preise je nach Konsistenz, Menge und Masse ihrer Ausscheidungen. Langfinger übernahm die Schulen und Kitas an Bord, die zuvor allesamt kostenlos gewesen waren, und verlangte jetzt Gebühren je nach Konsistenz, Menge und Masse der Kinder und der Attraktivität ihrer Mütter. Sweetie verkaufte den Kindern wieder die Süßigkeiten, die Langfinger ihnen zuvor gestohlen hatte – wie immer –, aber zu einem angemessenen Preis: herkömmlicher Zinssatz plus drei Prozent. Patsy der Mörder und Paul der Manafort knöpften den Passagieren Geld dafür ab, dass sie auf den Promenadendecks spazierten und im Pool schwammen und durch Türen gingen und Besteck benutzten und sich die Sonnenuntergänge ansahen und Luft atmeten.

Die Eitlen Gockel bezahlten all diese Gebühren gern, denn der Kapitän hatte ihnen ja 1,50 Dollar zusätzlich versprochen. Sie hatten noch nichts von diesen 1,50 Dollar gesehen, weil der Kapitän sie ihnen nicht gegeben und sein Versprechen sogar vergessen hatte, aber die Eitlen Gockel veranstalteten weiterhin mindestens einmal pro Woche Kundgebungen für ihn, auf denen sie in ihren Kostümen aus Federn und Schnäbeln alles bejubelten, was er sagte. Sie bejubelten das Überbordwerfen von Leuten, und sie bejubelten das Wunder der neuen Wasserkanone, die Menschen tötete, und sie bejubelten die Tatsache, dass der Kapitän ihr Kapitän war und sich überhaupt nicht verändert hatte, seit er Kapitän geworden war.

Es begeisterte sie, dass er so Sachen sagte wie »Liquidiert die Armen«, was sie auch sagen wollten, obwohl viele von ihnen arm waren, und es begeisterte sie, dass er so Sachen sagte wie »Lasst uns Gewisse Leute, die von kleinen mickrigen Booten kommen, aus dem Weg räumen und zur Strecke bringen«, was sie auch sagen wollten, obwohl die Vorfahren oder sogar die Eltern von jedem Einzelnen von ihnen ebenfalls von kleinen mickrigen Booten gekommen waren. Am meisten begeisterte sie, dass er sich nicht änderte und weiterhin alles sagte, was ihm gerade in den Sinn kam. Just an diesem Morgen hatte er an der Wegwischtafel gedroht, einen Krieg mit einem Land anzufangen, das der *Glory* von jeher sehr freundlich gesinnt war, und hatte dann am Nachmittag einen Rückzieher gemacht. Kein Zweifel, es wurde wirklich alles umgekrempelt! Die Eitlen Gockel hatten insgeheim befürchtet, dass der Mann mit der gelben Feder, sobald er erst Kapitän war, würdevoll und langweilig werden würde, doch er war nun schon seit Monaten Kapitän und noch genauso ungeschminkt und instinktiv und unberechenbar wie eh und je, und das machte sie sehr froh und sehr stolz. Die zügellose Grausamkeit und das tägliche Ertränken Unschuldiger, das Aus-dem-Weg-Räumen und Zur-Strecke-Bringen hatten sie nicht vorhergesehen, aber dieser unerwartete Teil des Lebens auf der *Glory* war zwar entsetzlich und im Widerspruch zu jedem von Menschen ersonnenen Glaubenssystem und Moralkodex, aber er war auch neu, und alles Neue war etwas anderes, und etwas anderes war grundsätzlich gut.

XIII

DENNOCH, selbst nach diesen Jubelversammlungen befiel den Kapitän eine gewisse Leere. Seine Tochter spielte immer öfter und immer länger mit ihrer trübäugigen Puppe, und da sie sich jetzt als feministische Ikone stilisierte, hatte sie eine Kollektion von Push-up-BHs und Stöckelschuhen entworfen. Folglich war der Kapitän häufig allein auf der Brücke, und obwohl er die Porträts der früheren Kapitäne weiter verunstalten konnte, wenn ihm danach zumute war, fehlte etwas in seinem Leben, und er empfand eine Leere in sich, wie ein Loch, das die Umrisse eines Mannes hatte.

Doch dann bot sich ihm am Horizont ein Anblick, der schöner nicht hätte sein können: die blutroten Segel des Hellen, eines der berüchtigsten und gefürchtetsten Piraten, eines Mannes, der schon seit ewigen Zeiten der erklärte Feind der *Glory* war, unter anderem deshalb, weil er schon häufiger, als sich irgendwer erinnern konnte, versucht hatte, die *Glory* zu vernichten – mit Kanonen, mit Geschützen, mit Unterwassersaboteuren und einer neuen Art von Sonarwaffe, die Trommelfellblutungen verursachte.

Die Bewunderung, die der Kapitän für den Hellen hegte, war unmöglich in Worte zu fassen. Ihm gefiel nicht nur die Statur und Körperhaltung des Hellen, sondern auch, wie imposant er auf dem Rücken eines Pferdes aussah und wie männlich er ohne Hemd aussah, und ihm gefiel ganz besonders, wie wahnsinnig männlich der Helle ohne Hemd auf dem Rücken eines Pferdes aussah. Ihm gefiel, wie der Helle Geschäfte machte und vor allem, wie er seine Feinde ermordete oder die Ermordung seiner Feinde befahl – am helllichten Tag und mit ungemein kreativen Methoden. Der Helle setzte gefährliches Gas gegen seine Kritiker ein und hatte anderen Gegnern langsam wirkende Gifte verabreicht, die sie in wenigen Monaten um Jahrzehnte altern ließen, ehe sie schließlich starben. Und manchmal schickte er einfach seine Armeen in fremde Länder, um die Menschen dort zu unterjochen und alles von Wert zu plündern. Der Helle war zweifellos ein Draufgänger, ein Mann der Tat.

»Kapitän«, sagte eine Stimme. Der Kapitän blickte sich um und sah eine Frau in einer weißen Uniform, die mit Orden und Epauletten dekoriert war. Obwohl der Kapitän jeden Tag, seit er das Kommando über das Schiff übernommen hatte, Leute entließ, kreuzte jeden Tag irgendein Besatzungsmitglied mit einem Klemmbrett in der Hand bei ihm auf, um ungebetene Ratschläge zu erteilen. Es war zum Verrücktwerden. Und diese Umkehrung der natürlichen Ordnung – Uniformen waren für Männer, Badeanzüge für Frauen – machte ihn schon fast schwindelig. Er schloss die Augen in der Hoffnung, sie würde dann verschwinden, aber ihre Stimme verriet, dass sie noch da war.

»Sie haben doch wohl nicht vor, den Hellen an Bord zu holen?«, sagte die Frau. »Er ist bekanntermaßen einer der größten Schurken der Welt, ein heimtückischer Unhold, der seine eigenen Leute mit Gas tötet, ein Verbündeter von anderen Unholden und Schuften –«

Der Kapitän rief die Schneemänner, die hereingestürmt kamen und die Frau-die-keinen-Badeanzug-trug wegbrachten. Während sie sie über die Reling warfen, rannte der Kapitän ins Bad, um sich frisch zu machen, denn in Sachen Aussehen machte der Helle ordentlich was her, und wie man sich erzählte, roch er stets sauber und nach Moschus.

Während der Kapitän im Bad war, sahen die Schneemänner, nachdem sie sich vergewissert hatten, dass die Frau auch wirklich im gischtenden Kielwasser der *Glory* ertrunken war, die roten Segel vom Schiff des Hellen näher kommen und lösten Alarm aus. Kanonen wurden geladen, Geschütze ausgerichtet und alle Passagiere des Schiffs führten Notfallmaßnahmen durch, denn der Helle und seine mörderische Bande waren seit ewigen Zeiten die erklärten Feinde des Schiffs.

Als der Kapitän aus dem Bad kam, wo er ein neues Aftershave aufgelegt hatte, das er sehr männlich fand, aber eine Jasminnote hatte, sah er, dass das Schiff in Aufruhr war. Er geriet kurz in Panik und hoffte, dass der Helle nichts von dem Spektakel mitbekam, denn der war jetzt in Schussweite, und er wollte ihn nicht verärgern.

»Entspannt euch!«, sagte der Kapitän über Lautsprecher und erklärte dann, dass der Helle, der unsägliche und unzählige Verbrechen gegen die *Glory* begangen hatte, in Wirklichkeit ein guter Freund von ihm war und auch so behandelt werden sollte.

Für viele Passagiere an Bord war diese Information überaus verwirrend. Es war bekannt, dass der Helle Krieg gegen die *Glory* geführt und in diesem Krieg den Admiral gefangen genommen und gefoltert hatte. Es war bekannt, dass der Helle regelmäßig Frauen ermordete, die Frauen liebten, und Männer, die Männer liebten. Es war bekannt, dass der Helle viel Zeit damit verbrachte, den schlimmsten Despoten zu Lande und zu Wasser behilflich zu sein, indem er immer genau rechtzeitig da war, um sie dabei zu unterstützen, regulär gewählte Führungspersönlichkeiten zu stürzen und unschuldige Zivilisten zu ermorden, die er dann auch schon mal verspeiste, und zwar gewürzt mit einer scharfen, aber nicht zu scharfen Spezialsoße, die er selbst kreiert hatte.

Als das Schiff des Hellen näher gekommen war, konnten die Passagiere der *Glory* erkennen, dass die Segel verblichen rot waren; angeblich waren sie mit dem Blut von Waisenkindern gefärbt worden. Sie konnten sehen, dass Dutzende Ruder aus dem Rumpf ragten; es wurde vermutet, dass die Ruderer Sklaven waren. Das Schiff des

Hellen zog an sieben langen ausgefransten Tauen sieben kleine Holzboote hinter sich her, in denen jeweils Platz für eine Person war, und in jedem dieser Boote befand sich tatsächlich eine Person, an Händen und Füßen gefesselt, und die meisten von ihnen waren inzwischen tot und halb verwest.

Als das Schiff des Hellen längsseits zur *Glory* ging, stand der Kapitän heftig winkend am Bug, wippte auf den Fußballen auf und ab und strahlte vor grenzenloser Freude übers ganze Gesicht. »Willkommen!«, brüllte er, während die blutgetränkten Segel des Hellen eingeholt wurden und das Schiff sich langsam drehte, um vertäut zu werden.

»Willkommen!«, riefen auch die Eitlen Gockel, die sich in vollem Federkostüm an der Reling versammelt hatten.

Die Besatzung des Hellen warf ein Seil über die Reling, und eine Gangway wurde herabgelassen. Die ersten Schergen des Hellen schritten an Bord der *Glory*. Sie trugen Musketen und Macheten und auch Hunderte leere Säcke, wie sie gemeinhin zum Rauben und Plündern verwendet wurden. Sofort schwärmten sie wortlos aus und verschwanden in jedem Winkel des Schiffs.

Und schließlich erschien der Helle persönlich. Der Kapitän fiel beinahe in Ohnmacht, denn wie er gehofft hatte, kam der Helle mit freiem Oberkörper, und er saß auf einem Pferd, und das Pferd trug den Hellen majestätisch an Bord der *Glory*, und sobald es an Deck war, ließ es einen riesigen Haufen Kot auf den Kopf eines kleinen

Kindes fallen, das von seinen Eltern mit dem Gefieder der Eitlen Gockel verkleidet worden war.

»Willkommen!«, sagte der Kapitän, und sie schüttelten sich die Hände, und der Kapitän bekam weiche Knie. Die Hand des Hellen war genauso glatt, wie er gehofft hatte, und genauso kräftig – wie in Leder gehüllter Stahl. Der Helle stieg mit einem ironischen Lächeln vom Pferd, ohne dass seine winzigen eisblauen Augen den Kapitän oder überhaupt irgendwen oder irgendwas direkt ansahen. Sein Mund war in einem Dauergrinsen erstarrt, und ganz gleich, was vor ihm war, seine Augen waren woanders.

Der Kapitän war wahnsinnig aufgeregt! Der Helle war in natura noch viel beeindruckender, und er roch wirklich fantastisch – viel mehr nach Moschus, als der Kapitän zu hoffen gewagt hatte.

»Darf ich Sie zu einem Cheeseburger in meine Luxuskabine einladen?«, fragte er den Hellen, und als der Helle bejahte und als der Helle ihm tatsächlich durch die *Glory* folgte, nur sie beide auf dem Weg in die Gemächer des Kapitäns, dachte der Kapitän, er würde jeden Moment in Ohnmacht fallen. Es sollte alles perfekt werden, deshalb hatte er sein Lieblingsgericht in großen Mengen bestellt. Als er die Kabinentür öffnete, platzte er fast vor Stolz beim Anblick des Tisches, auf dem sich nicht nur von Teenagerinnen zubereitete und in dünnes Papier eingewickelte Cheeseburger stapelten, sondern auch von Teenagerinnen zubereitete und in dünnes Papier einer anderen Farbe eingewickelte Hamburger.

Beim Anblick des Tisches, auf dem sich von Teenagerinnen zubereitete und in dünnes Papier eingewickelte Cheeseburger stapelten, grinste der Helle und schaute woandershin. Der Kapitän wurde schlagartig nervös. Er dachte nach, über welche Themen sie sprechen könnten. Seine Tochter? Er überlegte, wo er ein hübsches Foto von seiner Tochter haben könnte. Er erwog, seine Tochter hereinzurufen. Sie wusste immer, was zu sagen war, oder wusste zumindest, ein sexy Outfit anzuziehen, das alles sagte.

Der Kapitän beschloss, seinen Gefühlen freien Lauf zu lassen, und gestand, dass er den Hellen unglaublich dafür bewunderte, wie er sein Schiff führte, wie er seine Leute befehligte und wie kreativ er mitunter seine Feinde unter Einsatz von seltenen Giften ermordete.

»Ich werde ja ganz rot«, sagte der Helle, obwohl er nicht rot wurde und nie rot geworden war.

»Apropos Feinde …«, sagte der Kapitän und stockte dann. Er wollte nicht den Eindruck erwecken, im Beseitigen von Widersachern ein Anfänger zu sein, aber er wünschte sich Tipps für das Beseitigen von Leuten wie der Frau-die-keinen-Badeanzug-trug, die ihm davon abgeraten hatte, den Hellen willkommen zu heißen. Sie über Bord zu werfen war eine effektive Methode, sie loszuwerden, aber es erteilte den anderen Besatzungsmitgliedern, die in Zukunft vorlaut werden könnten, keine nachhaltige Lektion.

»Es gibt durchaus eine bessere Methode«, sagte der Helle, und sein Mund verzog sich zu so etwas wie einem

Lächeln. Dann deutete er auf das Heck seines Schiffs, an dem die sieben langen ausgefransten Taue befestigt waren, die jeweils zu einem kleinen Holzboot mit einem sterbenden oder toten Menschen darin führten.

»All diese Leute haben mich enttäuscht und sich als nutzlos erwiesen, aber jetzt«, sagte der Helle mit einem koketten Lächeln, »sind sie recht nützlich.«

Der Kapitän stieß einen lauten Pfiff aus. Er schlug mit beiden Händen klatschend auf den Tisch. Er hätte gern den Arm ausgestreckt und die Hand des Hellen in einer Geste der Bewunderung und Freundschaft berührt, entschied sich aber dagegen. Stattdessen sagte er nur: »Deshalb sind Sie der Helle.«

»Ich werde schon wieder ganz rot«, sagte der Helle, obwohl er nicht rot wurde und nie rot geworden war.

XIV

DER HELLE UND SEINE MÄNNER machten sich breit. Sie bekamen eigene Kabinen und so viel Essen, wie sie wollten. Sie durchstreiften das Schiff, fotografierten die Brücke und den Maschinenraum, und manchmal raubten sie die Passagiere aus, töteten Männer wegen kleiner Meinungsverschiedenheiten und kidnappten und vergewaltigten Frauen und Kinder. Der Kapitän konnte sich nicht erinnern, je eine schönere Zeit erlebt zu haben. Er und der Helle verbrachten wunderbare Abende, in deren Verlauf der Kapitän Cheeseburger aß und Limo trank und der Helle nichts aß, sondern dem Kapitän erstaunliche Geschichten erzählte, wie er sowohl aufsässigen als auch devoten Untertanen seinen Willen aufgezwungen hatte.

Durch den Hellen ermutigt, suchte der Kapitän sich jeden Tag neue Leute aus, die er mit gefesselten Händen in lecke Boote setzen und hinter der *Glory* herziehen lassen konnte. Der Kapitän setzte den ehemaligen Leitenden Ingenieur in so ein Boot und auch den ehemaligen Steuermann und den früheren Kreuzfahrtdirektor. Alle drei Männer hockten in kleinen Booten, die mitten im gischtenden Kielwasser des gewaltigen Schiffs auf und ab hüpften, und warteten gefesselt und hilflos auf den Tod.

»Das ist befriedigender als einfaches Ertränken, nicht wahr?«, sagte der Helle. Der Kapitän und der Helle standen auf der Brücke, und die Sonne ging unter, und der Kapitän hatte erst zum zweiten Mal in seinem Leben das Gefühl, wirklich einen Freund zu haben. Er würde alles für den Hellen tun, und in einer jähen Anwandlung von Dankbarkeit und Zuneigung sagte er ihm das.

»Ja, ich weiß«, sagte der Helle, während seine Augen woandershin schauten. »Aber Sie haben schon zu viel für mich getan. Jetzt will ich etwas für Sie tun.«

»Was denn?«, fragte der Kapitän, und sein Herz begann zu flattern wie das eines kleinen Spatzen.

»Das soll eine Überraschung werden«, sagte der Helle. »Warten Sie ab bis morgen früh.«

Und es war in der Tat eine Überraschung! Als der Kapitän aufwachte, setzte ihn ein weiteres Besatzungsmitglied, schon wieder eine Frau-die-keinen-Badeanzug-trug, davon in Kenntnis, dass die Männer des Hellen sämtliche Upskirt-Jungs in kleine lecke Boote gebracht hatten, die von der *Glory* gezogen wurden, und dass einige von ihnen bereits tot waren. Langfinger war tot, weil er vor Schreck einen Schlaganfall erlitten hatte, als er in so ein Boot verfrachtet wurde; seine Leiche wurde bereits von den Seevögeln angepickt, die jetzt Fleischfresser waren und eine Vorliebe für Menschenfleisch entwickelt hatten, während sie dem Schiff und den vielen verwesenden Körpern folgten. Freddie der Schläger und Ed der Ungewaschene und Patsy der Mörder und natürlich Paul der Manafort schaukelten alle hilflos im Schlepptau der *Glory* auf den Wellen und warteten gefesselt auf den Tod. Sweetie und Pete das Rohr, beide enge Freunde des Hellen, soweit der Kapitän wusste, waren jetzt tot und zerstückelt, und ihre vielen Teile lagen zu einem pyramidenförmigen Haufen angeordnet auf einem kleinen Floß, die Köpfe obenauf, wie Zierkirschen auf einem Eisbecher.

»Überraschung!«, sagte der Helle, als er die Brücke betrat.

Der Kapitän fragte den Hellen, warum er alle seine Freunde einem solchen Schicksal überlassen hatte, und die Antwort des Hellen klang sehr vernünftig: »Sie hatten zu viele Leute im mittleren Management«, sagte er, und der Kapitän wusste, dass er recht hatte.

»Wir haben auch die Besatzung im Maschinenraum getötet«, sagte der Helle. Wie als Antwort auf die nächste Frage des Kapitäns fuhr er fort: »Aber keine Sorge. Meine Männer haben alles unter Kontrolle.«

Der Kapitän dachte über seine vielen Gefühle nach – Bestürzung wegen all seiner Freunde, die jetzt tot waren oder bald sterben würden, und Freude, weil die Maschinenraumbesatzung nicht mehr da war – und kam zu dem Schluss, dass das alles unterm Strich wunderbare Neuigkeiten waren.

»Sie sind fabelhaft«, sagte der Kapitän.

»Ich werde ja ganz rot«, sagte der Helle, obwohl er nicht rot wurde. »Aber das ist noch nicht alles. Schließen Sie die Augen.«

Der Kapitän schloss die Augen und hörte das unverkennbare Geräusch eines nahenden Schiffs. Seine Gedanken überschlugen sich, während er überlegte, wer da wohl zu Besuch kam.

»Können wir nachsehen gehen?«, fragte er den Hellen, und der Helle lächelte verschmitzt, während er woandershin schaute. Der Kapitän, der sich fast wie ein Kind vor der Weihnachtsbescherung fühlte, lief zur Reling, um zu sehen, wer da kam. Als er das Symbol auf dem Toppsegel sah – zwei gekreuzte Schwerter unter einem abgetrennten Kopf –, wusste er, dass es Blutbart war, einer der meistgehassten und -gefürchteten Piraten des Ozeans, der bekanntermaßen Hinrichtungen durch den Strang und Steinigungen und vor allem Enthauptungen befürwortete. Sein Faible für Letzteres hatte ihm seinen Spitznamen eingebracht, denn nach jeder Enthauptung, die er eigenhändig durchführte, benutzte Blutbart seinen Bart, um das Blut vom Schwert zu wischen. Das war immer sehr spektakulär.

»Noch eine Überraschung«, sagte der Helle. Die beiden standen an Deck, um Blutbart willkommen zu heißen, dessen Besatzung noch damit beschäftigt war, ihr Schiff an der *Glory* festzumachen. Blutbarts Leute, die alle lila Kleidung und schicke schwarze Masken trugen, ließen die Gangway herunter und marschierten mit Schwertern und Degen bewaffnet an Bord der *Glory*. Sie hatten leere Säcke dabei, wie sie gemeinhin zum Rauben und Plündern verwendet wurden, und verschwanden rasch im Innern des Schiffs.

Nach ihnen kamen acht Männer, angetan mit goldverzierten Waffenröcken, die Blutbart persönlich in einer goldenen Sänfte trugen. Der Kapitän schnappte nach Luft. Blutbart trug ein goldverziertes Gewand und eine Art goldenen Helm und sogar goldene Handschuhe. Schlagartig schämte sich der Kapitän, weil er nicht an ein goldverziertes Gewand und einen goldenen Helm und goldene Handschuhe für sich selbst gedacht hatte, und er nahm sich vor, als Strafe für diesen Fauxpas irgendjemanden in ein Holzboot zu setzen. Sobald Blutbarts Sänfte an Bord der *Glory* war, wurde sie auf dem Deck abgestellt. Er stieg aus, woraufhin der Kapitän wieder nach Luft schnappte und im Geiste noch jemanden in ein Holzboot verbannte. Blutbart trug goldene Socken! Und goldene Schuhe! Jeder mit einer goldenen Quaste!

Jetzt sah der Kapitän, dass Blutbart in seiner goldbehandschuhten Hand etwas hielt, das aussah wie ein Vogelkäfig aus Draht, der mit einem goldenen Tuch zugedeckt war. Blutbart stellte den Vogelkäfig hin und wandte sich an den Hellen. Die beiden begrüßten sich mit einem herzlichen Handschlag, der eher eine Mischung aus Abklatschen und Handschlag war, denn er war so kräftig und hart, dass ihre Hände ein sehr lautes und sattes Klatschgeräusch machten, das den Kapitän mit Ehrfurcht und Neid zugleich erfüllte. Der Kapitän überlegte, wann er am besten nach dem Handschlag fragen sollte und ob er ihn lernen könne, und er entschied, dass er damit warten würde, bis sie nur zu dritt in seiner Luxuskabine wären. Er wollte gerade vorschlagen, dass sie sich dorthin zurückziehen sollten, als der Helle ihm zuvorkam.

»Gehen wir doch in die Kapitänskabine«, sagte er mit einer seltsamen, vielleicht sogar ironischen Betonung des Wortes *Kapitän,* wobei er lächelte und Blutbart ansah, der ein breites und wissendes Lächeln aufsetzte. Während sie zusammen durch die Korridore der *Glory* in Richtung Kapitänskabine gingen, geriet der Kapitän ein wenig ins Hintertreffen, während Blutbart und der Helle ein sehr vertrautes und liebevolles und mit Lachen erfülltes Gespräch führten. Gelegentlich deutete der eine oder andere mit dem Daumen nach hinten in Richtung des Kapitäns, und wenn der Kapitän nicht so selbstbewusst und stark gewesen wäre, hätte er vielleicht gedacht, dass die beiden auf seine Kosten Witze machten, aber das war unmöglich, machte er sich bewusst, weil er selbstbewusst war, und außerdem war er der Kapitän, und er hatte zahlreiche als Hühner verkleidete Leute, die voll und ganz hinter ihm standen.

Als sie die Kapitänskabine betraten, sahen der Helle und Blutbart eine imposante Menge Cheeseburger, die allesamt von Teenagerinnen zubereitet und in dünnes Papier eingewickelt worden waren. Bei diesem Anblick sah der Helle Blutbart an und sagte: »Ich hab's dir gesagt! Ich hab's dir gesagt!« Worauf Blutbart den Hellen ansah und sagte: »Das hast du! Das hast du!« Und dann machten die beiden wieder diesen wunderbar harten und lauten Abklatsch-Handschlag, und dann lachten sie. Dem Kapitän kam es vor, als würden sie zehn Minuten lang lachen, doch in Wahrheit lachten sie sehr viel länger.

XV

IN DIESER NACHT lag der Kapitän unter seinem Bett und schlief unruhig. Irgendwann hatte er das seltsame Gefühl, dass das Schiff fast eine 180-Grad-Wende machte.

Dann hatte er einen schrecklichen Traum. Er war noch immer der Kapitän und noch immer auf der Brücke, aber die *Glory* fuhr durch unglaublich dichten Nebel. Er versuchte, das Steuerrad zu drehen, doch es ließ sich nicht drehen. Was er auch tat, es hatte nicht die geringste Auswirkung auf den Kurs des Schiffs. Es war, als würde es von einer unsichtbaren Kraft unaufhaltsam zu irgendetwas hingezogen. Und so war es auch, denn aus dem Nebel tauchten die bekannten silbernen Segel des Admirals auf. Die Segel schienen nach dem Kapitän zu greifen, ihn mit unwiderstehlicher Kraft anzuziehen.

In dem Traum kamen die unverkennbaren silbernen Segel des Admirals schrecklich schnell und zielstrebig durch den weißen Dunst. Der Kapitän versuchte abzudrehen, aber es ging nicht. Er legte sein ganzes beträchtliches Gewicht auf das Ruder, bewirkte aber nichts. Die silbernen Segel kamen auf ihn zu, bis er von ihnen und ihrem blendenden Licht umgeben war. Die kleinen dunklen Augen des Admirals fixierten ihn mit enervierender Entschlossenheit, flehten ihn wortlos an, besser zu werden.

Der Kapitän spürte, dass seine Zähne sich lockerten und zerbröckelten; sie lösten sich aus dem Zahnfleisch und waren wie Kieselsteine in seinem Mund. Er spuckte sie aus, aber seine Zunge gleich mit. Als er schreien wollte, kriegte er keinen Ton heraus. Er griff sich an die Kehle, aber als er die Hände hob, brachen seine Finger ab, einer nach dem anderen, wie getrockneter Ton, und die Stummel, die zurückblieben, lösten sich auf, verschwanden wie Asche in einem Sturm. Er blickte entsetzt auf seine handlosen Arme, und in dem Glauben, er könnte der Auflösung seines Körpers davonlaufen, machte er einen Schritt nach vorne, dann noch einen, doch beide Füße knickten um, bogen sich und brachen ab wie billiges Plastik.

Ohne Füße konnten seine Knöchel ihn nicht tragen, und er fiel auf die Knie, die sich in feuchten Kitt verwandelten, sodass sein Oberkörper vorwärtsfiel und er mit dem Gesicht voran Richtung Boden stürzte. Und an diesem Punkt verlangsamte sich die Zeit. Der Teil des Traums, als er mit dem Kopf auf die Erde zusauste und er die ganze Zeit wusste, dass sein Schädel zerplatzen würde, wenn er auf den harten Boden prallte, kam ihm vor wie Stunden. Und während sein Kopf nach unten stürzte, spürte er die ganze Zeit, dass der Admiral ihn beobachtete, ohne Häme, aber auch ohne Mitgefühl.

Der Kapitän schreckte aus dem Schlaf. Er war schweißgebadet und sabberte, seine Hände zitterten, ihm lief die Nase. Er hatte auch geweint.

»Hallo?«, sagte er in den Lüftungsschacht. »Sind Sie da?«

Nach kurzem Schweigen antwortete die Stimme: »Natürlich bin ich da.«

»Glauben Sie, ich bin tapfer?«, fragte der Kapitän.

Aus dem Lüftungsschacht drang ein kurzer Hustenanfall, gefolgt von Geräusper. Schließlich sagte die Stimme: »Der Tapferste!«

Das hob die Stimmung des Kapitäns ein wenig, doch er hakte nach. »Der Admiral hat im Krieg gekämpft, und alle sagen, dass er mutig war. Glauben Sie, die Leute halten mich für einen Feigling, bloß weil ich mich im Bauch des Schiffs versteckt und mir Pornohefte angeguckt habe?«

»Hören Sie«, sagte die Stimme im Lüftungsschacht. »Im Grunde interessiert es niemanden, wer im Krieg gekämpft hat. Und Pornos mag doch so gut wie jeder.«

Der Kapitän lachte und weinte zugleich, weil er wusste, dass die Stimme im Lüftungsschacht eine unbestreitbare Wahrheit ausgesprochen hatte, die seine persönlichen Zweifel linderte.

»Ich weiß, das klingt jetzt albern«, fuhr der Kapitän fort, »aber manchmal denke ich, dass ich nicht genug tue.«

Die Stimme im Lüftungsschacht keuchte. »Nein! Sagen Sie doch nicht so was!«

Der Kapitän sprach weiter: »Ich hab den Passagieren versprochen, dass alles besser werden würde, aber bisher habe ich bloß Sachen an die Wegwischtafel geschrieben, hundertsiebenundachtzig Leute über Bord geworfen und den restlichen Leuten versprochen, ihnen 1,50 Dollar zu geben, was ich, glaub ich, dann doch nicht getan hab.«

»Was Sie zum mit Abstand größten Kapitän macht, der je ein Schiff geführt hat«, sagte die Stimme. »Kein Kapitän hat je mehr für das Schiff getan als Sie.«

Der Kapitän schniefte, lächelte in sich hinein und war der Stimme im Lüftungsschacht sehr dankbar und auf sich selbst sehr stolz wegen allem, was er getan hatte.

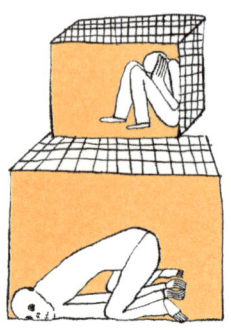

XVI

AM NÄCHSTEN MORGEN duschte der Kapitän und zog sich an und ging zur Brücke, doch die Tür war abgeschlossen. Er blickte durch das Fenster in der Tür und sah den Hellen am Steuerrad stehen, umringt von der eigenen Besatzung des Hellen, die offenbar die Navigation des Schiffs übernommen hatte.

»Kapitän!«

Er drehte sich um und sah Blutbart vor sich stehen, der ein noch eindrucksvolleres Outfit trug als am Tag zuvor. Während seine gestrige Kleidung mit Gold bestickt gewesen war, schien diese jetzt tatsächlich aus Gold gefertigt zu sein. Das Gewand wirkte sehr schwer, vielleicht fünfzig Kilo oder mehr, aber Blutbart trug sie anscheinend mühelos. Er war ein ganzer Mann.

»Machen wir einen Spaziergang«, sagte er zum Kapitän, legte ihm einen Arm um die rundlichen fleischigen Schultern und dirigierte ihn weg von der Tür zur Brücke die Treppe hinab auf das untere Deck. Auf dem Weg nach unten spürte der Kapitän, dass das Schiff tatsächlich nicht mehr in die Richtung fuhr wie in der Nacht, als er ins Bett gegangen war, sondern in die entgegengesetzte. Es war, als hätte der Helle die Kontrolle über das Schiff übernommen und es auf Gegenkurs gebracht, was genau die Art von Streich wäre, wie der Helle ihn sich gern einfallen ließ.

»So ein Jammer«, sagte Blutbart. Er zeigte auf eine kleine Gruppe Dingis und Dschunken, die sich der *Glory* näherten.

Der Kapitän kam vor Verlegenheit ins Schwitzen. Er hatte Leute unter anderem deshalb vom Schiff geworfen, weil er weitere Neuankömmlinge abschrecken wollte. Dennoch tauchten immer wieder mal neue Boote und Flöße mit verzweifelten Frauen und Männern und Kindern auf. Es war eine Schande.

»Das Problem ist, Sie verschwenden eine wertvolle Ressource«, sagte Blutbart. »Wenn Sie Leute in den Ozean werfen, ist das durchaus eine Warnung an Ihre Passagiere, aber die kommt nicht bei denjenigen an, die zu weit weg sind, um diese Leute ertrinken zu sehen. Sie sinken zu schnell.«

Erforderlich sei deshalb, so erklärte Blutbart, ein dauerhaftes und schockierendes Signal an alle, die sich der *Glory* auf der Suche nach einem sicheren Ort per Boot näherten. Er sagte, es sei unerlässlich, dass sie alle durch ein eindeutiges visuelles Zeichen abgeschreckt würden.

»Was glauben Sie wohl, warum ich den hier immer

mit mir herumtrage?«, sagte Blutbart und deutete auf den zugedeckten Vogelkäfig, den er mit an Bord gebracht hatte.

Der Kapitän erkannte keinen Zusammenhang zwischen einem Vogel im Käfig und einem Abschreckungsmittel für Bootsflüchtlinge, wusste aber nicht, wie er das sagen sollte, ohne unwissend zu wirken. Er presste die Lippen zusammen, um einen ernsten, nachdenklichen Gesichtsausdruck zu vermitteln.

»Habe ich Ihnen das hier noch nicht gezeigt?«, sagte Blutbart und zog mit einer schwungvollen Bewegung das Tuch vom Käfig. Es war kein Vogel darin, sondern ein Kopf – der am Hals abgetrennte Kopf eines Mannes, der offenbar schon seit Wochen verweste. Beim Anblick des Kopfes kam dem Kapitän ein vager Verdacht. Er hatte etwas über einen Mann gehört, der lästige Fragen über Blutbart gestellt hatte, und dann war dieser Mann verschwunden. Jetzt stellte der Kapitän einen Zusammenhang her zwischen dem verschwundenen Mann und dem abgetrennten Kopf, und er stellte auch einen Zusammenhang her zwischen dem Vogelkäfig und der visuellen Abschreckung, von der Blutbart gesprochen hatte.

»Apropos«, sagte Blutbart, »ich habe gesehen, dass Sie Hunderte Hummer- und Krebsfallen und dergleichen an Bord haben.«

Der Kapitän hatte nie irgendwelche Hummer- oder Krebsfallen gesehen, aber andererseits hatte er nie viel von dem Schiff gesehen und wusste nicht, wo das Essen herkam, das hier zubereitet wurde. Also glaubte er Blutbart einfach und hörte aufmerksam zu, als der einen Plan vorschlug.

Am Nachmittag wunderten sich die Passagiere, die inzwischen den wüsten Lärm gewohnt waren, wenn sich wieder irgendwer mit Händen und Füßen dagegen wehrte, von den Schneemännern gepackt und über Bord geworfen zu werfen, und die gegen das schaurige Geschrei von Angehörigen der Opfer abgestumpft waren, dass sie nichts dergleichen hörten. Das Fehlen von wüstem Lärm und Geschrei machte sie so neugierig, dass sie aus ihren Kabinen lugten und zum Promenadendeck und den Relings schlichen, um nachzusehen, was nicht los war.

Sie sahen Gewisse Leute eingesperrt in Käfigen, die eigentlich als Hummer- und Krebsfallen gedacht waren. Diese Käfige waren im Abstand von zehn Metern auf den Außendecks aufgereiht, sodass die Passagiere von ihren Kabinen aus nicht weit gehen mussten, um auf einen Menschen in einem Käfig für Molluske und Krustentiere zu treffen. Es waren so viele Käfige – gut und gern neunzig, auf mehreren Decks –, dass Verzweifelte, die sich dem Schiff per Boot näherten, die Käfige und die Menschen in ihnen unweigerlich sehen und begreifen würden, dass das Schiff ein unfreundlicher Ort war, wo jedes Mitgefühl gestorben war und wo eine ungeheure Gleichgültigkeit gegenüber den Schwachen und Besitzlosen herrschte.

»Gefällt mir«, sagte die Stimme im Lüftungsschacht am Abend.

»Das war Blutbarts Idee«, sagte der Kapitän.

»Wir können froh sein, solche Freunde zu haben«, sagte die Stimme im Lüftungsschacht. »Sie geben und geben, und sie verlangen nichts dafür.«

Die Passagiere nahmen kleine Veränderungen an ihrem Tagesablauf vor. Da sie regelmäßig von den marodierenden Besatzungen von Blutbart und dem Hellen ausgeraubt und ihre Kabinen geplündert wurden, blieben die meisten lieber hinter verriegelten Türen zu Hause. Wenn ein paar Mutige sich doch mal nach draußen trauten, mieden sie möglichst die Decks, wo sich die Menschen-in-Käfigen befanden, weil der Gestank von verwesendem Fleisch selbst an windigen Tagen sehr stark war und der Anblick und die Laute der Menschen-in-Käfigen – wenn auch Beleg für die Entschlossenheit des Kapitäns – dennoch schwer zu ertragen waren, erst recht, wenn die Menschen-in-Käfigen Kinder waren, deren Todesschreie schrill und animalisch klangen.

Selbst die lange Tradition der Passagiere, aufs Meer zu schauen oder den Sonnenuntergang zu betrachten oder viel Zeit im Freien zu verbringen, war nicht mehr so schön wie zuvor, da gut drei Dutzend ehemalige Besatzungsmitglieder und diverse Feinde des Kapitäns in lecken Ruderbooten hinter dem Schiff hergezogen wurden und teilweise bereits tot waren und von Aasvögeln und manchmal auch von Haien gefressen wurden.

Weil die meisten Service- und Reinigungskräfte über Bord geworfen worden waren oder jetzt in Fallen steckten, die für Krustentiere gedacht waren, herrschte auf dem Schiff jetzt eine heillose Unordnung und ein übler Gestank. Eines Tages öffnete die Tochter des Kapitäns ihre Kabinentür und bemerkte diesen Geruch, der ihr vorkam wie eine Mischung aus faulendem Fleisch, Verzweiflung und getrocknetem Urin, und plötzlich hatte sie eine Idee. Ihre innovative Kollektion von Push-up-BHs, Nasenverkleinerern und Hüftenverschlankern war bei den Eitlen Gockeln ein Hit gewesen, aber sie hatte keinen eigenen Duft vorzuweisen – ein fast unverzeihliches Versäumnis, wie sie erkannte. Jetzt brauchte das Schiff einen, und sie stellte sich der Herausforderung. Sie nannte ihn Eau de Oubli und ließ ihn ausgiebig an Gewissen Kindern und alten Leuten testen, um sicherzugehen, dass er für Menschen ungefährlich war und erfolgreich den überwältigenden Gestank von Unfrieden und Verwesung überdeckte. Der Duft war auf Anhieb sehr beliebt bei den paar Dutzend, die ihn sich leisten konnten. Diese Passagiere tränkten damit ihre Schulter- und Halstücher und banden sie sich vor den Mund, um draußen spazieren zu gehen und einige Minuten am Stück normal atmen zu können.

Ansonsten war es unangenehm, die Kabine zu verlassen, und kam auch nicht oft vor. Wozu auch? Die meisten Restaurants an Bord waren ohnehin schon lange geschlossen, weil die Köche Gewisse Leute gewesen waren, die man folgerichtig über Bord geworfen hatte. Das

Thairestaurant war geschlossen. Das Chinarestaurant war geschlossen. Das ecuadorianische Restaurant war seit Langem zu, ebenso das nepalesische, das äthiopische und das peruanische Esslokal. Die mexikanischen Restaurants waren schon so lange geschlossen, dass sie jetzt für den Zusammenbau und die Lagerung weiterer Käfige genutzt wurden. Das einzige noch geöffnete Lokal war der Cheeseburgerladen, den der Kapitän bevorzugte. Betrieben wurde er teils von Maschinen und teils von Teenagerinnen, die somit nicht unmittelbar in Gefahr waren, ins Meer geworfen zu werden.

Tagsüber sahen die Passagiere Nachrichten im Fernsehen, deren Moderatoren die vielen Bedrohungen außerhalb der Passagierkabinen aufzählten, was die Gewohnheit der Passagiere, zu Hause zu bleiben, noch vernünftiger machte. Da die Passagiere keine Bewegung bekamen und selten die Sonne sahen, hatten sie Schlafprobleme, und vor Rastlosigkeit und lauter Angst vor Rektalblutungspinnen und etlichen anderen Gefahren – darunter die restlichen Gewissen Leute und natürlich die marodierenden Besatzungen von Blutbart und dem Hellen – fingen sie an, sich wie ihr Kapitän unterm Bett zu verstecken, und dabei entdeckten sie einer nach dem anderen die Stimme im Lüftungsschacht. Und genau wie der Kapitän fanden die Eitlen Gockel, dass die Stimme im Lüftungsschacht sie wirklich verstand und ihre geheimsten Ängste mit großer Offenheit und Scharfsicht zum Ausdruck brachte. Weil sie die Stimme im Lüftungsschacht hatten und weil sie Cheeseburger hatten und weil sie gelähmt vor Angst in ihren Kabinen blieben und die *Glory* von ihren historischen Feinden befehligt wurde und sie täglich ausgeplündert wurden und von den toten und verwesenden Körpern Gewisser Leute umgeben waren und weil niemand mit anderen sprach und weil ihre einzige Freude die wenigen Stunden waren, wenn die Eitlen Gockel sich als Hühner verkleideten und in Sprechchören den Tod oder die Inhaftierung ihrer Feinde forderten, ging es ihnen so prächtig wie nie.

XVII

DER KAPITÄN ERWACHTE von dem beunruhigenden Geräusch, mit dem das Schiff zitternd zum Stehen kam. Er kroch rasch unter seinem Bett hervor, blickte aus dem Fenster und sah unzählige riesige Bilder von ein und demselben runden Gesicht. Er zog sich an und ging an die Reling und stellte fest, dass die *Glory* in einem Hafen angelegt hatte, den er noch nie gesehen hatte, und überall um das Schiff herum, auf den Kais und in der angrenzenden Stadt und auf dem Berghang dahinter, hingen gigantische Banner mit dem Konterfei eines fleischgesichtigen Mannes, dessen Name ihm nichts sagte. Er blickte nach unten und sah, dass bereits eine Gangway von der *Glory* ausgefahren worden war und auf den Kais eine Begrüßungszeremonie mit großem Tamtam im Gange war.

Der Kapitän zog seine eindrucksvollste militärisch anmutende Uniform an, legte wieder sein am stärksten nach

Moschus riechendes Eau de Cologne auf und machte sich eilig auf den Weg zu den unteren Decks. Auf den zahlreichen Treppen verlief er sich vier- oder fünfmal – abgesehen von der Kommandobrücke war er nämlich noch nie irgendwo anders auf dem Schiff gewesen als am Pool, auf der Minigolfanlage und unter der Treppe neben der Frauenumkleide –, ehe er schließlich zur Gangway fand.

Dort sah er den Hellen und Blutbart, die gerade mit ihrem phänomenalen Abklatsch-Handschlag einen Mann begrüßten, der große Ähnlichkeit mit dem hatte, der auf den zahllosen Bannern überall im Hafen und in der Umgebung abgebildet war. Diese Banner hingen allem Anschein nach an menschlichen Knochen, und als er genauer hinsah, war der Kapitän sicher, dass der Berghang mit vielen abgetrennten und aufgespießten Köpfen dekoriert war. Da hatte sich jemand große Mühe gegeben, um die *Glory* zu begrüßen, so viel stand fest. Um seine Gastgeber nicht zu beleidigen, eilte der Kapitän zu dem Podium, wo der Helle und Blutbart und der Mann, der offenbar das Oberhaupt dieses Landes war, sich gegenseitig abklatschten und auf den Rücken klopften. Kurz bevor er bei seinen Freunden war, marschierte ein Trupp Männer und Frauen in grauen Uniformen an ihm vorbei und an Bord der *Glory,* und sie alle trugen Säcke, wie sie gemeinhin zum Rauben und Plündern verwendet wurden. Als die Männer und Frauen verschwunden waren, ordnete der Kapitän die Orden an seiner Jacke und schritt auf das Podium.

Als die drei Männer – der Helle, Blutbart und der Sehr Weiche Mann, denn so hieß der Herrscher dieses Landes – ihn in seiner pseudomilitärischen Uniform kommen sahen, musterten sie den Kapitän kurz und brachen dann in schallendes Gelächter aus. Dem Kapitän kam es vor, als würden sie zehn Minuten lang lachen, doch in Wahrheit lachten sie sehr viel länger.

Sie sagten nichts zu ihm. Als eine Flotte schwarzer Luxuskarossen vorfuhr, stiegen die drei Männer ein und brausten davon, ohne dass einer von ihnen den Kapitän einlud mitzukommen. Einen Moment lang sah der Kapitän sich um und fing die Blicke von einigen der über hundert geköpften Männer und Frauen auf, die ringsherum von ihren Spießen starrten. Dass der Sehr Weiche Mann den Hafen mit den Köpfen seiner Feinde schmücken ließ, hatte schon einen gewissen Stil, dachte der Kapitän, aber es brachte auch einen gewissen Gestank mit sich. Er fragte sich, ob das raffinierte Parfüm seiner Tochter den Geruch wirksam überdecken würde, und er fragte sich, wie groß der Absatzmarkt für Eau de Oubli auf dieser Insel wäre. Dann fragte er sich, wo eigentlich seine Tochter war, und überlegte, zurück aufs Schiff zu gehen und sie zu suchen und mit ihr über diesen neuen Markt für ihren Duft oder eher ihre ganze Marke zu sprechen, denn die Proleten, die er bislang gesehen hatte, waren alle so klein und hässlich, dass sie von einer sonnenhaarigen Walküre wie ihr garantiert hingerissen wären. Doch dann kam ein Rikschafahrer schnaufend auf ihn zugestrampelt und bot an, ihn mitzunehmen.

»Dem Sehr Weichen Mann folgen?«, fragte er den Kapitän.

Der Kapitän befürchtete, dass seine Freunde ihn verlassen hatten, ihn ganz bewusst am Hafen zurückgelassen hatten, aber das fand er unwahrscheinlich. Dennoch musste er seinen ganzen Mut aufbringen, so viel Mut, wie er aufgebracht hatte, als er sich jahrelang im Bauch des Schiffs versteckt und Pornohefte angeguckt hatte, ehe er schließlich einwilligte. Er stieg in die Rikscha, und als der Fahrer versuchte, die Rikscha mitsamt dem beträchtlichen Gewicht des Kapitäns in Bewegung zu setzen, stieß er ein hohes hilfloses Quieken aus. Doch schon bald fand der Fahrer sein Tempo, das so langsam war, dass der Kapitän oder jeder Zweibeiner zu Fuß schneller gewesen wäre, und er brauchte den ganzen Tag, um sich die vielen Serpentinen an dem dicht besiedelten Berghang hinaufzuquälen. Unterwegs tauchten sie tief in die Kultur des Landes ein, sahen zuerst tausend Bauern, die mit den Händen eine Mülldeponie nach Essensresten oder Alufolie durchwühlten, dann ein Gefängnis für Kinder, dann eine sehr interessante Anlage, in der die Leichen von Journalisten zu einer Art Brei zermahlen wurden, der als Rinderfutter diente. Schließlich, kurz bevor sie das beeindruckende Anwesen des Sehr Weichen Mannes erreichten, kamen sie an einem bezaubernden Streichelzoo vorbei, in dem niedliche Ziegen und Lamas mit den Eingeweiden der Ex-Frau des Sehr Weichen Mannes und des früheren Finanzministers gefüttert wurden, wie der Rikschafahrer erzählte.

Am Palast des Sehr Weichen Mannes angekommen – diese Worte prangten in Neonlettern über der brutalistischen Fassade –, stritt sich der Kapitän mit dem Rikschafahrer über das Fahrgeld und zahlte ihm schließlich die Hälfte des Preises, den der Mann verlangte. Er klingelte an der Tür, und ein Diener bat ihn herein und brachte ihn prompt zu einem prachtvollen Speisesaal, der im Licht eines Kronleuchters erstrahlte und nach Wein und Fleisch und dem Schweiß von rund vierzig Feiernden beim Essen roch. Unter ihnen waren seine Freunde Blutbart und der Helle, die nicht weit von dem Sehr Weichen Mann saßen. Neben dem Sehr Weichen Mann war eine traumhaft schöne Frau, blond und kurvenreich, die Champagner aus einem außerordentlich hohen Glas trank und offenbar überaus fasziniert von ihrem Gastgeber war, denn sie lachte kokett und berührte seinen Unterarm und fütterte ihn zwischendurch mit einer langen, eleganten Gabel. Der Kapitän fand die Frau bezaubernd und verführerisch und hatte den Wunsch, ebenfalls von ihr mit einer langen, eleganten Gabel gefüttert zu werden, und dieser Wunsch wurde nur noch stärker, als er erkannte, dass es seine Tochter war.

»Hallo!«, sagte er und winkte ihr zu, aber sie sah ihn nicht. Der Kapitän wollte ihr und dem Sehr Weichen Mann und seinen Freunden, dem Hellen und Blutbart, Bescheid geben, dass er da war, doch er wurde flugs zu einem sehr kleinen Tisch in der Ecke geführt, wo einige Kinder oder sehr kleine und jung aussehende Erwachsene saßen, die Pizza und Chicken-Nuggets aßen und Sprite tranken.

Der Kapitän war hungrig, und alles auf dem Tisch sah köstlich aus, also aß er seine Pizza und Chicken-Nuggets, während er darüber rätselte, wo er war und wer die vielen Männer und Frauen waren, die den Sehr Weichen Mann an dem größeren Tisch umringten. Sie waren ein eindrucksvoller Haufen. Es gab so einige Augenklappen, viele sichtbare Gesichtsnarben, einen Mann, der anscheinend das Gehirn eines Affen mit einem winzigen Löffel aß, und zwei furchterregende Männer, die sich einen Teller Menschenfinger teilten. Banditen und Freibeuter waren dabei, Babymörder, Diebe und Übeltäter – kurz, ein Fest von Draufgängern, die der Kapitän instinktiv fürchtete und bewunderte. Bisweilen meinte der Kapitän zu sehen, dass einige von diesen eindrucksvollen Leuten an dem größeren, längeren Tisch zu ihm herüberschauten und schallend lachten, aber sicher war er sich nicht.

Er versuchte erneut, seine Tochter auf sich aufmerksam zu machen, aber entweder sah sie ihn nicht, oder sie war zu betört von dem Sehr Weichen Mann, der sehr oft ihr Haar berührte, ungefähr so, wie ein kleines Kind einen Bärenfellvorleger berühren würde. Irgendwann mitten in dem Gelage begann eine Show. Den Auftakt machten verängstigt aussehende Akrobaten, dann folgten an die hundert verängstigt aussehende Sängerinnen in knallbunten traditionellen Kleidern, und den Abschluss bildete eine kleine Puppe, genauer gesagt ein Puppenmann, der verängstigter aussah als alle anderen und auf dem Tisch tanzen musste, während die Gäste ihn mit Früchten, Tierknochen, Gabeln und Messern bewarfen. Dank der mitreißenden Publikumsbeteiligung fand dieser Teil der Show den mit Abstand größten Anklang, und es wurden viele Zugaben verlangt und gegeben. Der Kapitän hatte das Gefühl, dass es sich bei dem Puppenmann um die Puppe seiner Tochter handelte, aber er konnte es nicht mit Sicherheit sagen, da er ihren Hobbys und ihrem Freundeskreis nie viel Beachtung geschenkt hatte, es sei denn, ihre Freundinnen waren junge Frauen mit seidigem Haar, die nichts dagegen hatten, wenn er ihnen beim Salatessen zusah.

Apropos Salat: Der Kapitän war dankbar, dass der Sehr Weiche Mann nicht versuchte, ihm oder einem von den kleinen Kindern an seinem kleinen Tisch Salat anzubieten. Stattdessen bekam der Kapitän, nachdem er sich seine Chicken-Nuggets und Pizza und Sprite hatte schmecken lassen, zum Dessert köstliche Cupcakes mit Schlagsahne, die ihn eine ganze Weile enorm beschäftigt hielten. Sehr lange, um genau zu sein, und als er endlich wieder aufschaute, sah er, dass der längere, größere Tisch leer und er allein war. Von dem großen Festschmaus auf dem großen Tisch war nur noch ein menschlicher Leichnam übrig, der ausgehöhlt und mit einer Unmenge Guacamole gefüllt worden war. Tortillachips, die der Sehr Weiche Mann über alles liebte, ragten daraus wie Segel auf einem zähflüssigen grünen See. Wie so vieles, das der Kapitän an dem Tag gesehen hatte, wie so vieles, das er von Blutbart und dem Hellen gelernt hatte, war auch das eine geniale Methode, bedeutungslose Menschen zu bestrafen, loszuwerden und neu zu verwenden, und obwohl sie bewundernswert und innovativ war, hinterließ sie beim Kapitän im tiefsten Grunde seines Herzens das Gefühl, von dem Sehr Weichen Mann und dessen rüden Dinnergästen, sogar von Blaubart und dem Hellen, ein wenig deklassiert worden zu sein. Der Kapitän konnte das Leiden anderer passiv ertragen, konnte gefühllos zusehen, wie Dutzende oder Hunderte starben, aber sich aktiv die derart kreative Zerstörung eines Menschen auszudenken? Das war eine Nummer zu groß für ihn. Ein ausgehöhlter Mensch als Chipsdipgefäß? Das hob das Ganze auf eine völlig neue Ebene.

Entmutigt und tief erschüttert und mit einem leicht aufgeblähten Gefühl von den vielen Cupcakes, streifte er durch die prächtigen Flure des Palastes des Sehr Weichen Mannes, meinte manchmal, das schallende Gelächter von Blutbart oder dem Hellen zu hören, vernahm einmal sogar das unverwechselbare wiehernde Lachen seiner Tochter, doch je mehr er ging, desto mehr fühlte er sich allein und orientierungslos, bis er schließlich zu einer Art Lagerraum im Keller gelangte. Er stand oben an der Treppe und beobachtete, wie viele Männer und Frauen in Uniform allerlei Dinge in den Lagerraum trugen, die ganz so aussahen wie Dinge, die er auf der *Glory* gesehen hatte. Das Tafelsilber kam ihm bekannt vor, ebenso die Kristallkaraffen und Öfen und Töpfe und Pfannen und Tische und Fernsehgeräte und Fässer mit Rum und Wein und Whiskey. Kurz darauf trugen diese Arbeiter etwas hinein, das aussah wie eine komplizierte Maschine, und Messgeräte und Rohre und Teile von Motoren und dann ganze Motoren und schließlich Rettungsboote, auf denen das unverkennbare Logo der *Glory* prangte.

Einer der Arbeiter sah den Kapitän dort stehen, wie er ihnen mit offenem Mund bei der Arbeit zusah, und dieser Arbeiter scheuchte ihn weg, und der Kapitän entschuldigte sich und verschwand rasch. Er streifte weiter durch den Palast, sah aber niemanden, den er kannte, und fühlte sich zunehmend einsam und sehnte sich nach dem Trost der Stimme im Lüftungsschacht oder nach den Leuten, die ihm in ihren Hühnerkostümen zujubelten. Er wollte das Anwesen gerade verlassen und zur *Glory* zurückkehren, als drei Männer in Uniform ihn mit mehreren Schlägen auf Kopf und Nacken bewusstlos schlugen, ihn zurück zum Schiff und die Gangway hochschleppten, ihn hastig hineinwarfen, die Luke schlossen und die Taue der *Glory* kappten.

XVIII

DIE PASSAGIERE der *Glory* erwachten mit dem untrüglichen Gefühl, dass das Schiff ziellos dahintrieb. Sie schauten aus ihren Kabinenfenstern und sahen, dass kein Land in Sicht war, nirgends. Die vertrauten Vibrationen der Schiffsmotoren hatten ebenfalls aufgehört, was das Schiff in eine unheimliche Stille tauchte.

Obwohl alle Passagiere der *Glory* den Geruch von in Käfigen verwesenden Gewissen Leuten fürchteten und die Eitlen Gockel Gewisse Leute fürchteten, die vielleicht noch immer frei herumliefen, verließen alle Passagiere der *Glory* einer nach dem anderen ihre Kabinen, um nachzusehen, was los war und wohin sie gefahren waren.

Aus dem Schiff war alles von Wert geraubt worden, alles mitgenommen, das nicht niet- und nagelfest war, und alles, das niet- und nagelfest war, war von seinen Nieten und Nägeln befreit und ebenfalls mitgenommen worden.

Das Mobiliar war weg, die elektronischen Geräte waren weg, die Lebensmittel und Getränke waren weg, die Minigolfanlage war weg, und irgendwie hatten die Diebe es geschafft, auch den Swimmingpool und die Wasserrutsche zu stehlen. Das Schiff war praktisch ein leerer Schrank.

»Der Anker ist weg«, sagte ein Passagier.

»Auf der Brücke ist auch alles weg«, sagte ein anderer Passagier. Er war noch immer als Huhn verkleidet.

Die Passagiere schwärmten aus und stellten fest, dass alle Navigationsgeräte, sofern sie der Kapitän nicht schon selbst entfernt hatte, gestohlen worden waren. Es gab keinen Radar, keine Computer, keine See- oder Landkarten. Eine Frau in Tauchausrüstung erschien auf dem Deck.

»Die haben sogar das Ruder geklaut«, sagte sie.

Die Passagiere schauten überall nach, konnten den Kapitän aber nicht finden. Sämtliche Elektroinstallationen und -leitungen waren von den Schergen des Sehr Weichen Mannes entfernt worden, sodass die unteren Ebenen und inneren Bereiche des Schiffs gänzlich ohne Licht waren. Die Passagiere bastelten Fackeln aus Besenstielen und Handtüchern, und sie stiegen tief ins Innere der *Glory*, um nach dem Kapitän zu suchen. Ihre knisternden gelben Flammen erhellten jeden dunklen Gang, und wohin sie auch kamen, überall war das Schiff ausgeweidet, ausgeräumt, leer.

»Ich wette, die Motoren sind weg«, sagte eine Passagierin.

Die Motoren waren tatsächlich ausgebaut worden, Stück für Stück, und im Maschinenraum lagen nur noch die Skelette der Besatzungsmitglieder, die vor Wochen – es schien Jahre her zu sein – von den Männern des Hellen ermordet worden waren. Dann war ein Wimmern zu hören. Es kam von irgendwo im Bauch des Schiffs, und das Geräusch drang durch die leeren eisernen Gänge und Luftkanäle. Die Suchenden folgten diesem überaus ängstlichen und schwachen Winseln kreuz und quer durch die dunkelsten und feuchtesten Teile der *Glory*, bis sie dessen Quelle fanden.

Es war ein Mann, der sich in einem Lüftungsschacht versteckte. Er hockte da, die Arme um die Knie geschlungen, bekleidet mit einem blauen Anzug, einer roten Krawatte und braunen Slippern. Er hatte eine hohe und breite blasse Stirn, und sein schwarzer Haarschopf war schon weit zurückgewichen. Er sah aus wie der Typ Mann, der auf die Santa Monica High School gegangen sein könnte, der vielleicht ein- oder zweimal auf dieser großen und multikulturellen Schule ausgegrenzt worden war, der in einem letzten Versuch, die Anerkennung der anderen zu gewinnen, als Klassensprecher kandidiert und deutlich verloren und der sich daraufhin geschworen haben könnte, Rache an all denjenigen zu nehmen, die ihn nicht gewählt hatten – die Liberalen, die Witzigen, die Differenzierten und Nichtweißen –, und der intrigieren und planen und konspirieren würde, bis er schließlich seine Rache vollziehen könnte, indem er sich einem irren Soziopathen anschloss, der wie er Angst vor allem hatte und nie in der Lage gewesen war, Freundschaften zu schließen, und der nichts dagegen haben würde, der Vollstrecker der letzten Vergeltung dieses glatzköpfigen freundlosen Mannes aus Santa Monica zu sein.

Aber die Suchenden waren sich bei alldem nicht sicher. Das waren nur ihre privaten Spekulationen, denn sie hatten noch nie so einen Mann gesehen, der sich in den unteren Regionen des Schiffs versteckte, dessen Körper vor lauter Hass gebeugt und starr war, dessen Haut noch nie Licht gesehen und dessen blau umrandete Augen matt und stumpf waren. Die Suchenden fragten, wer er war, was er da machte, wie lange er sich schon in dem Lüftungsschacht versteckte, doch er antwortete nicht. Sein Mund bewegte sich, aber es kamen keine Worte heraus. Er zeigte seinen Lüftungsschacht hoch, als wollte er sagen: »Wo ist er hin?« Die Suchenden verstanden nicht, was er meinte, und da er anscheinend zu schwach war, um sich zu bewegen, ließen sie ihn, wo er war, in der Absicht, ihm später Nahrung und medizinische Versorgung zukommen zu lassen.

Irgendetwas an dem Mann im Lüftungsschacht rief den Suchenden den Kapitän in Erinnerung, und sie fragten sich, wo der Kapitän war, daher setzten sie ihre Suche fort, überprüften jede Tür und jeden Raum und jede abgerundete Ecke. Unter den Passagieren, die das Schiff durchsuchten, waren etliche Anhänger des Kapitäns, und sie gingen mit einem neuen Gefühl von Beklommenheit durch die finstern Korridore. Vom Kapitän fehlte jede Spur. Die Wegwischtafel war seit Tagen nicht mehr von ihm bekritzelt worden.

Eine der wenigen noch verbliebenen Offizierinnen, die das Schiff kannte und unter früheren Kapitänen gedient hatte, schaute einer bösen Ahnung folgend am Heck des Schiffs nach und bestätigte, was sie und viele andere befürchtet hatten. Das letzte noch verbliebene Rettungsboot, eine Art Prunkboot, mit goldenen Akzenten und mit jedem Luxus ausgestattet, war verschwunden. Dieses letzte Rettungsboot war versteckt gewesen und nie zuvor benutzt worden, und Diebe hätten unmöglich davon wissen oder es stehlen können. Aber für den Kapitän war es leicht zu finden und zu benutzen, daher hatte er es gefunden und war damit verschwunden.

Die Eitlen Gockel waren eine ganze Weile überrascht und geknickt, denn sie konnten einfach nicht fassen, dass ein Mann, der jeden Tag seines Lebens unverblümt erklärt hatte, niemand sei wichtiger als er selbst, dass sich dieser Mann am Ende über alle anderen Passagiere gestellt hatte. Er hatte ihnen großen Schaden zugefügt und große Schande über sie gebracht, hatte das halbe Schiff geplündert und die Plünderung der anderen Hälfte erlaubt und war dann in einem goldenen Rettungsboot geflohen, ohne sich zu verabschieden oder sich zu bedanken oder sich zu entschuldigen. Für die Eitlen Gockel ergab das keinen Sinn.

Die Freundlichen Meuterer dagegen waren zutiefst erleichtert, dass der Kapitän auf eigene Faust das Weite gesucht hatte, weil ihnen dadurch das schwierige Problem erspart blieb, persönlich aktiv zu werden, um die *Glory*, sich selbst, ihre Kinder, Gewisse Leute und die Integrität und Ehre von allen an Bord zu retten.

»Was jetzt?«, sagte Ava, das Waisenmädchen, das als Erstes davor gewarnt hatte, den Kapitän zum Kapitän zu wählen. Ava war in den vergangenen Monaten dreizehn geworden, und sie war erschüttert und weltverdrossen und konnte sich nicht mehr vorstellen, dass die Erwachsenen um sie herum, die so viel riskiert und das Leid von so vielen zugelassen hatten, irgendeine Idee hätten, was jetzt zu tun war. Sie wartete nicht auf eine Antwort von ihnen.

»Zuallererst Würde«, sagte sie.

Unter Avas Führung befreiten die Passagiere daraufhin die Menschen, die noch immer in Käfigen verrotteten. Einige waren noch am Leben und konnten vielleicht gerettet werden, deshalb wurden sie zur Krankenstation gebracht und verarztet. Diejenigen, die vor den Augen der Tausenden Passagiere, die nichts für sie getan hatten, gestorben waren, wurden ordentlich bestattet, wie es sich für Mitmenschen ziemte. Als alle Leute, die unter dem Kapitän gelitten hatten, versorgt waren und ihre Würde wiederhergestellt war – so weit das nach einem solchen Grauen möglich war –, blickten die Passagiere sich um und hatten erneut keine Ahnung, was sie machen sollten.

»Jetzt lasst uns sauber machen«, sagte der Großvater vom Anfang der Geschichte. Er nahm sich einen Schrubber – die Diebe hatte sich nicht für Schrubber interessiert – und fing an zu schrubben. Andere scheuerten und wischten und fegten, setzten wieder instand, was sie konnten. Schließlich, nach vielen Tagen gründlicher Reinigung, sah das Schiff fast wieder so aus wie der helle und freundliche Ort, der es vor dem Aufstieg des Kapitäns und seiner Clique gewesen war.

»Aber wir treiben noch immer ziellos auf dem Meer«, sagte Ava, die trotz des Putzens und Instandsetzens nach wie vor keinerlei Vertrauen in die Erwachsenen um sie herum hatte. Die Passagiere suchten die Brücke ab, fanden aber keine Navigationsgeräte, weder alte noch neue, nichts, was sich hätte reparieren lassen, und nichts, was ihnen geholfen hätte, Norden von Süden, Osten von Westen zu unterscheiden. Selbst die altertümlichen Sextanten und Quadranten waren weg. Und natürlich konnten sich alle an die vielen Nächte erinnern, in denen die Handbücher mit den Erläuterungen, wie das Schiff zu steuern war, feierlich über Bord geworfen wurden und im wilden weißen Kielwasser das Schiff umtanzten. Ohne Maschinen und Ruder und ohne die Bücher, die der *Glory* sagten, wie sie die *Glory* sein sollte, trieb das Schiff also weiter ziellos umher, und die Passagiere waren zu müde und zu gelähmt, um irgendetwas dagegen zu tun. Sie hatten alles vergessen, was sie vorher über das Leben der *Glory* gewusst hatten.

»Seht mal da!«, sagte Ava eines Tages. Sie zeigte auf eine Reihe von winzigen Wasserfahrzeugen, die sich dem Schiff näherten. Es waren genauso jämmerliche Flöße und Dschunken und Dingis, wie der Kapitän und seine Schneemänner sie vom Wasser weggeschossen hatten, auf die sie mit Kanonen gefeuert und die sie versenkt hatten. Doch obwohl die Passagiere der *Glory* so gut wie alles von ihrer Geschichte vergessen hatten, erinnerten sich einige wenige von ihnen daran, dass sie früher mal Mitgefühl für solche Menschen empfunden hatten, die per Boot kamen, mit nichts, nichts, nichts, nichts.

Und so ließen sie Seile und Leitern hinab, um diejenigen aufzunehmen, die übers Meer zu ihnen getrieben waren, während auch sie übers Meer trieben. Aber als die Flöße und Boote deutlicher in Sicht waren, sahen die Passagiere des Schiffs, dass die Menschen nicht mit leeren Händen kamen. Sie hatten nichts zu essen, und sie hatten nur wenig Wasser, aber sie alle hatten in ihren winzigen Wasserfahrzeugen die unverwechselbaren orange eingebundenen Bücher, die einst die Brücke der *Glory* gesäumt hatten.

»Die haben wir im Meer gefunden«, sagte die Frau, die als Erste von den Bootsflüchtlingen an Bord der *Glory* kletterte. Sie war zerlumpt und unterernährt und erschöpft, aber sie hatte ein breites Lächeln, und sie war überglücklich, an Bord des großen und stabilen Schiffs zu sein, über das sie schon so lange so viel gehört hatte.

Sie erzählte, dass ihr Boot Hunderte Meilen entfernt auf ein paar der orange eingebundenen Bücher gestoßen war und dass ihr Boot und andere von dieser stetigen Kette wie von Brotkrumen zur *Glory* geleitet worden waren. Sie und die anderen in ihrem Boot kannten diese Bücher, waren vertraut mit den vernünftigen und erhabenen Worten in ihnen und wussten, dass es die Worte eines noblen Volkes waren, das an diese Worte, diese

Grundsätze mehr glaubte als an die Despoten und Scharlatane und Diktatoren, die so viele andere Länder ihrem Willen und ihren Launen unterwarfen.

»Wir dachten, ihr hättet die gern wieder«, sagte die Frau, und in dem Moment kletterte ein junger Mann – ihr Sohn – an Bord, und auch er hatte eines der Bücher von der *Glory* dabei. Ein Mädchen, erst sieben, folgte, und sie trug ebenfalls eines der Handbücher. Sie wurde an Bord gehoben, und es kamen noch Dutzende mehr von diesem ersten erbärmlichen Boot und von vielen weiteren danach, und alle brachten sie die Bücher mit, in denen Gesetze und Ideale formuliert waren, und durch ihre Gegenwart und ihre Geschenke gaben die sturmgebeutelten Menschen, die nach einem Schiff suchten, in dem sie die Meere überstehen konnten, Anlass zu der Hoffnung, dass die *Glory* eines Tages wieder verstehen würde, was ihr Name bedeutete.

Danksagung

Der Autor dankt Jenny Jackson, Andy Ward, John Gall, Sonny Mehta, Maris Dyer, Rita Madrigal, Nathaniel Russell, John Warner, Em-J Staples, Kitania Folk, John McMurtrie, Peter Ferry, Amanda Uhle, Mark Liebovich, SV, TS, EI und VV.

Dave Eggers, geboren 1970, ist einer der bedeutendsten zeitgenössischen Autoren. Sein Werk wurde mit zahlreichen literarischen Preisen ausgezeichnet. Sein Roman »Der Circle« war weltweit ein Bestseller. Der Roman »Ein Hologramm für den König« war nominiert für den National Book Award, für »Zeitoun« wurden ihm u. a. der American Book Award und der Albatros-Preis der Günter-Grass-Stiftung verliehen. Eggers ist Gründer und Herausgeber von McSweeney's, einem unabhängigen Verlag mit Sitz in San Francisco. Eggers stammt aus Chicago und lebt mit seiner Frau und seinen zwei Kindern in Nordkalifornien.

Ulrike Wasel und *Klaus Timmermann,* beide Jahrgang 1955, haben fast alle Bücher von Dave Eggers übersetzt und wurden für ihre hervorragende Übersetzung von »Zeitoun« gemeinsam mit dem Autor mit dem Albatros-Preis ausgezeichnet.

4. Auflage 2025

Titel der Originalausgabe: *The Captain and the Glory*
© 2019 by Dave Eggers
All rights reserved.
Aus dem Englischen von Ulrike Wasel und Klaus Timmermann
© 2020, Verlag Kiepenheuer & Witsch GmbH & Co. KG,
Bahnhofsvorplatz 1, 50667 Köln
Alle Rechte vorbehalten.
Die Nutzung unserer Werke für Text- und Data-Mining
im Sinne von § 44b UrhG behalten wir uns explizit vor.
Covergestaltung: Rudolf Linn, Köln,
nach dem Originalumschlag von Alfred A. Knopf
Covermotiv und Illustrationen: © Nathaniel Russell
Gesetzt aus der Garamond
Satz: Buch-Werkstatt GmbH, Bad Aibling
Druck und Bindung: CPI books GmbH, Leck
ISBN 978-3-462-00010-8

Kontaktadresse nach EU-Produktsicherheitsverordnung:
produktsicherheit@kiwi-verlag.de